精霊《スピリット》

共同創造のためのワークブック

ウィリアム・ブルーム＝著
WILLIAM BLOOM PhD
鈴木 真佐子＝訳

太陽出版

精霊《スピリット》

WORKING WITH ANGELS, FAIRIES & NATURE SPIRITS

by William Bloom

Japanese translation published by arrangement with Judy Piatkus Ltd
through The English Agency (Japan) Ltd.

はじめに

私の胸の内をあなたに打ち明けます。それは多くの人たちが持っているわだかまりを少しでも取りのぞくことができれば、との思いからです。もしかするとあなたも、私と同じように感じているかもしれません。

私は天使や精霊《スピリット》の存在を信じ、彼らとともに歩んできました。そのために私はみんなから、ずっと変わり者だと思われてきましたが、それはもうたくさん、という気持ちになりました。天使や精霊の世界は確かに存在していて、それは私たちにとってとても重要なことなのです。

環境、社会、心理といった現実を見据えていない天使に関する書物や会話も同様です。天使の世界はとても美しいものですが、それは現実の生活を営む私たちにインスピレーションを与えるべきものであって、決して逃避のための幻想ではありません。

天使界は存在します。それは自然や宇宙の生地に織り込まれた一部です。すべての生命の持つ創造の美と本質の一部分なのです。このことを認識するということは、現代の社会問題や環境問題の解決にとっても重要なことです。さらに生命は、あらゆる側面において自分自身を満たす強い必然性がありますが、それとも関連してきます。私たちが天使の実在を理解し、彼らとともに仕事をしていくことを、恥ずかしく思う必要などありません。

本書の目的は、天使、妖精や自然霊《ネイチャースピリット》たちの存在の本質を明らかにするとともに、私たちがどうしたら彼らとともに働き、学ぶことができるのか、そして彼らがどういう理由で、どのように私たちに協力してくれるのか、などについて明確にお伝えすることです。私は神秘体験に論理性と常識を、少しずつ統合させたいと思います。私たち人間の領域と精霊たちの領域という二つの世界の間に、私は想念、想像力、そして行動によって構成された懸け橋をつくりたいのです。

この次元をすでに体験したり、感じたり、信じているあなたのためには、体験をより明確に、より深いものにするお手伝いをしたいと思います。神話、アーケタイプ（原型）論や人類学への関心を通して、この次元を知るあなたのためには、合理的な左脳を説得するような論理も提供します。この分野に関心がある人の誰にとっても、理解しやすいガイドブックとなることを願っています。

これは精霊たちと実際に協力して働くことを可能にするための実用書です。単に人間の心の中だけで起きることを説明しようとしているのではありません。本書の流れはとてもシンプルです。初めの何章かは、一般的に天使や精霊たちがどのような存在であるのか、私たちが彼らをどのように経験し、彼らと協力し合っているのかを述べています。それに私自身の経験も加えました。後半の章では、どのような方法で彼らと協力することができるかについて理解を深めていき、彼らの実在を体験するために役立ついくつかの実用的なエクササイズを紹介します。

私は三十年ほど前から、自覚を持ってこの分野で働くことになり、ワークショップなどで講師を始めました。本書は、自分の経験や狭い視野だけで述べたものではなく、ワークショップに参加してくれた数百人の生の声を聞き、彼らと探究と学びの旅を共にしながら書いたものです。

霊的な実践講座を教えているとき、私は目に見えない精霊たちと協力し合って活動ができる、という事実をクラスの人たちに気づいてもらおうとしていました。具体的な例として、どうしたら家の守護霊とか天使を呼ぶことができるか、そして精霊の存在によって、より居心地のよい場がつくられるということを説明しました。すると息を呑む声がして、見あげると日本人の男性が笑顔で頷いています。

「よく知っています」と彼は言い、続けました。「私の母と祖母はいつもそうしていました。私の祖父もそうです。日本では多くの人がそうしています。ロンドンまで来て、そのような話をお聞きするとは！」

私たちは信仰心をも揺さぶられる時代に生きています。二百年前に西洋諸国は工業化が進み「近代化」の波に乗りはじめました。それに伴って私たちは、迷信とか宗教的なしきたりを捨てはじめると同時に、科学的な思考にそぐわない多くの霊的な真実も葬り去ってしまったのです。宗教的な民話は科学的な証明はできなくとも、真実であり、美しく、創造的な本質を持つものがあります。小妖精、女神、天使、そして彼らに似ている集合的にはデーヴァ（訳注＝1）と呼ばれる存在たちも、この世界に属しています。

日本は一見、高度なテクノロジーを持つ、西洋化された複雑な社会でありながら、そのような精霊たちとのつながりを維持しているようです。講座に参加した男性の家族などは、家の精霊を招いて祈りを捧げるという儀式を、日常的に行っているのです。これは実際、珍しいことではなく、世界中のさまざまな文化においても行われています。一日のはじまりに、人びとはロウソクに火を灯《とも》し、お供え物をして家の守護霊に祈ります。そうすると、家の調和が高まり、促されるのです。実際に家の雰囲気が変わります。

少しの時間を設けて私たちを助けてくれる精霊を招くことは、生活のあらゆる場で行うことができます。これらの精霊たちは、さまざまな恩恵をもたらしてくれます。それは人びとに心の健康をもたらし、人生における美意識を高め、創造性やさまざまな能力を養う場をつくってくれます。そして、私たちが彼らを招くも招かざるも、その存在を認めるかどうかにもかかわらず、彼らは確かに存在し、あらゆるところにいるのです。

この次元を理解すること、そしてより重要なのは、この次元を体験することによって私たちの日常生活や活動が実際に高められていくという事実です。それは家庭の中や職場、庭先でもそうなりますし、芸術面、人間関係、霊的な側面や癒しにおいても、精神的な成長においても同じです。

私自身にとって天使や精霊が存在することへの自覚や彼らとの仕事は大きな癒しとインスピレーションと喜びをもたらしてくれています。私はあなたにも、その同じ喜び、いや、それ以上に多くの祝福が与えられることを願っています。

訳注Ⅱ1　すべての生きものの青写真を持ち、妖精たちを統合する光の存在。

精霊《スピリット》――目次

3 私の歩み ………… 47

4 透明なパートナー

5　デーヴァを感覚で捉える　101

6 波動を合わせて行動する

7 精霊ともっと親密になるために ……141

8

癒しの次元 167

9 人類の手助けをする天使たち …………… 197

1

精霊の世界——真実か幻想か？

どのような文化や時代においても、精霊《スピリット》たちの重要性に気づき、その存在を感じ、理解できる人たちがいました。現在では文明の中心都市から遠く離れるほど、精霊や天使の存在を当たり前だとする人たちが見られます。アイルランドの西海岸の多くの村落では、妖精の世界は現実的なものと見なされています。長年、ロンドン地下鉄の労務員だったという、がっしりとした農夫が、「小さきものたち」、つまり妖精の話を何の躊躇《ちゅうちょ》もなく口にしていたのを私は覚えています。農夫はビールのジョッキをゴツゴツしたこぶしで握り、まるでフットボールか農機具の話でもするかのように妖精の話をしていたのです。

「想像にすぎない」

神話や民話、それに人類学の分野では、妖精たちを単に人間の精神「プシケ」の世界のものとする書物が多くあります。それらの書物では天使と精霊は実在するのではなく、人間の想像の産物であるとはっきりと言い切っています。

二十世紀初頭の人類学者サー・ジョン・リスは彼の著書『Celtic Folklore, Welsh and Manx』（ウェールズおよびマン島のケルト民話）の中で、妖精の起原について「私たちの遠い先祖たちの気まぐれな空想が、湖、河川、湾や入江などに住まわせたデイモンや神々にある」（訳注・2）と書いています。これは民族学者が現地の部族を観察したり、歴史学者が古代ギリシャやローマの古典的な文化を扱うときの一般的な姿勢でした。肉眼には見えないパラレル次元（私たちと平行して存在する次元）に住む神や女神、天使や精霊たちすべてが、これらの研究者たちにとっては空想にふける人間の心の産物でしかなかったのです。これらすべての経験の普遍性にもかかわらず、そのように扱われていたのです。

偉大な神話学者ジョゼフ・キャンベルは『The Masks of God』（神の仮面）シリーズの第一巻で、十八世紀から十九世紀にかけて世界中の人類学的な研究が収集されはじめた頃に、驚くべきことが判明したと述べています。文化的に孤立していると思われていた霊や天使にまつわる数々の事柄が、共通した世界的現象だと分かったのです。しかし人類学、社会学、心理学などの研究者たちのほとんどは、パラレル次元が存在する可能性を退けたのです。

主流となる心理学においては内的な世界すべてが生理的な脳の産物だと信じられていて、天使界について少しでも話題に出すと、即座にその人は精神療法が必要だと真顔で言われるほどです。スウェーデンの民族学者C・W・フォン・シドウのように、西洋の天使、妖精や自然霊《ネイチャースピリット》の概念を「エロチックな夢や幻想の産物」だと解釈する学説もあります。そうでなければあのような美しい手足、丸みを帯びた胸をどう説明するのか、なぜ刺激的な透き通ったような服を身に着けるのだろうと——。ルイス・スペンスはその著作『British Fairy Origins』（イギリスにおける妖精の起源）の中で、これらは「超自然の存在に対するエロス的な気持ちの初期の表現ではないか」と述べています。

『The Erotic World of Fairy』（妖精のエロスの世界）の中でモリーン・ダフィーは、エリザベス王朝の劇の引用を用いています。

イオクロ——かわいい小さきものよ、お名前は？
三番目の妖精——僕の名前は小さな小さな「プリック」（チクッと刺すの意）……。
小さな女の子が寝ているところ、ドレスの下をちょっとのぞく。
そこで僕はふざけ、僕は遊ぶ。

それで、僕はノミのようにチクッとやるの。

精霊の物語を集めた最も有名なものは『グリム童話集』かもしれません。それは英語では「フェアリー・テール」といいますが、意味は文字通り「妖精の物語」として理解されています。また英語では、一般にある事柄が「フェアリー・テール」だといえば、それは「空想上の産物に過ぎない」という意味があります。では、この課題すべてが想像の産物でしかないのでしょうか。確かに、内在する次元のものたちを感覚で捉え、彼らと交信できるようにと私たちを導いてくれるのは想像力を持つ心の働きの一部でしょう。しかし、精霊たちが単にナイーブな心の投影だけでないのは確かです。

精霊たちの存在を信じてきた何千もの古典文化、神秘文化、先住民の文化が、妄想や心の想像物と暮らしてきたとするのはだいぶ人を見下した、視野の狭い見方でしょう。「火のないところに煙は立たない」といいます。内的世界の物語の普遍性は否定できない真実を示しているようです。

デイモンの存在

私たちは、目に見えない存在たちを現実のものとして素直に受け入れる環境で育てられたり、教育を受けたりしてきませんでした。しかし、どんなに皮肉屋の物質主義者でも、植物や樹木、川や滝、山などの自然に触れたときに、神秘や不思議な存在感を感じたりすることは、たびたびあるのではないでしょうか。

一度、私はある建設業者に言われたことがあります。「本当は誰にも言いたくないけれど、確かに何かがそこにいると感じたのです。それは庭で仕事をしているときでした。何かがそこにいて、それが伝わってきたのですが、人に変な奴だと思われるのがいやで何も言えませんでした」

そのようなバツの悪さを押して語ってくれたのは、エベレスト連峰を登りつめた探検家サー・フランシス・スマイスでした。彼は旅の最後の段階で目に見えない（霊的な）存在が一緒にいるのが感じられたと言います。「その存在が共にいると、寂しさを感じることはなく、自分に何らかの危険が及ぶことはないと感じられた。そして雪に覆われた斜面を単独で登るとき、その存在はいつも共にいて自分を支えてくれたのです」

アイルランドの詩人ジョージ・ラッセルは次のように書いています。「目に見えぬ黄金の世界は、私たちのまわりを取り囲んでいる。この美しさは、それに目を向け求める者すべてに与えられ、拒否される者は一人もいない」

芸術家や神秘家は、持って生まれた特殊な才能のために文明の周縁に立たされることもあり、天使領域との深遠で貴重なつながりを、たびたび感じているといわれます。二十世紀の英国神秘主義に傾倒した女性詩人キャスリン・レインは、天使、そしてインスピレーションの源であるミューズ（芸術の女神）や、彼女が「デイモン」と名付けた存在についてとても開かれていました。「デイモンの存在を意識しないときはない」と述べ、その関係を自作の詩に詠んでいます。

昔、私は光り輝くデイモン、あなたを若いと思っていた
私の耳に囁《ささや》く君よ
しかし、人生のサイクルからはずれた今
あなたがどんなに年老いていたかが見える

髪が白くなり、本をたくさん読んで目がかすむ私よりも
あなたは遥かに年老いていた
あなたがメッセンジャーであるという深遠な記憶を
もはや私は理解することはないでしょう
あなたは若者には春のように接し、年老いた者には……

何かの存在が近くまで来ているという精妙な感覚を毎日のように感じる人もいれば、確かに天使や精霊に出会ったと確信する人も大勢います。ここ数年、このような話題で人気のある本や映画、テレビ番組も出てきました。とくに目立ったのは『Touched by an Angel』（天使に触れられて）というアメリカのゴールデンアワーに放映されたシリーズ番組で、精神的に追い込まれた人たちが、数人の天使のチームによって救われていくというものでした。

私のいちばんのお気に入りは、人里離れた森林でキャンプをしていた仲間たちに実際に起きた話です。彼らは夜中の三時頃、「寝袋から出て、テントを移動しなさい」という声で目覚めました。声があまりにもはっきり聞こえたので、真夜中にもかかわらず、彼らはその声に従いました。すると明け方近く、巨大な樅《もみ》の木が、彼らのテントがあった場所に倒れてきたのです。懐疑心のある人にとっては、これはただの偶然でしかないかもしれません。でも、このような話をどれだけ聞けば、疑い深い人たちは目を開いてくれるのでしょう。

疑いを捨ててみること

精霊体験は、私たちの脳細胞どうしの電気的交信によって生じる現象ではありません。私たちがこの次元に存在するのと同じ現実性をもって、精霊たちは自分たちの次元に存在しています。私たちが見たり、触れたり、感じることのできる世界と、彼らは姿を見せないまま、親密に関わっています。精霊の存在がいわゆる客観的事実でないにしては、現在、現実的な精霊体験をしている人があまりに多過ぎるのではないでしょうか。

そのような体験が理解できないというのは、初めて東洋に関する報告をイタリアに持ち帰ったベニスの旅人たちに対する、中世ヨーロッパ世界の反応と同じようなものです。最初は誰一人として旅人たちの報告を信じなかったのです。ベニスの人びとや、一般のヨーロッパ人たちは、自分たちの世界だけが唯一の文明社会だと考えていたのです。とくにキリスト教徒の自分たちこそは、文明の頂点に到達したという自負がありました。東洋から帰国した旅人たちは、当時、西洋人が夢にすら見たことのないような建築物、科学的発明や洗練された文化を持った素晴らしい文明について語りました。それはすべて事実でしたが、視野の狭いヨーロッパの人びとには、そのような文化が存在するとは考えられませんでした。さらに何人もの旅人がそれを確認して戻ってくるまで、その報告は信用されなかったのです。

閉ざされた心が開かれるまで、どれだけの人が天使の実在について報告しなければならないのかと言いたくなります。

再び魔法を取り戻す――原住民からの学び

多くの人が私たちの文化に魔法を復活させる必要があると気づきはじめています。健全で創造性のある社会と人生に、当然あるべき神秘性と魔法を再び取り戻すのです。近代科学とテクノロジーの賢さを否定することはできませんが、私たちが生命の深遠な本質、巧妙さ、美しさへの感謝の念を、もう一度、取り戻す必要があることも確かです。それによって私たちと私たちの世界の間に、より調和のとれた関係を取り戻すことができます。好奇心、尊敬の念、感謝のこもった関係、それは健全な環境とエコロジーを再構築するには基本的な条件です。詩的な側面から見ても健全です。なぜなら神秘性と魔法は、魂や肉体の糧だからです。

魔法を取り戻すことによって私たちはすべての存在――岩や植物、湖、動物、山、惑星や宇宙――にある生命や意識を、再び感じることができるようになるはずです。自然界にキラキラと光り遊ぶ、内なる生命を感覚で捉えるのは、さほど難しいことではありません。

目に見えない内側の次元に含まれているのは、想念や行動などの人間のすべての側面と関わる精霊たちです。これらを取り戻すことは、自然宗教であるアニミズム（精霊崇拝）のルネサンスともいえるもので、森羅万象におけるすべての生命と精霊を認め、尊重する流れです。

自然と密接に関わりながら生きる部族社会では、ほとんどの人びとが生活のあらゆる場面で生命力を与えてくれる精霊たちを認識しています。この認識を持っているのは、アマゾンの原住民をはじめ、北米の原野、シベリアの草原地帯、北極の凍土、アフリカのサバンナやオーストラリアの奥地の砂漠などに居住する人びとを含みます。彼らは植物や森林など、いろいろな場所に精霊たちが宿っていることに気づき、これらの精霊たちに敬意を払うことを、当然としています。そのために彼らは定期的に儀式を行い、供え物をします。平和と祝福のためにパイプを吸うネイティブアメリカンの儀式では、必ずその土地の精霊を称え、タバコを供えます。西洋の社会で噴水にコインを投げる行為は、そこの精霊に敬意を表す伝統の現代版といえるものです。同様に、大勢の人が他人の家を訪問する際、お土産を持っていきます。

ネイティブアメリカンの文化には「シャーマン」と呼ばれる特別な役割を持った人たちがいて、彼らは精霊たちと交信する役割を受け持っています。アマゾンの熱帯雨林では、シャーマンたちは覚醒意識に入るための手助けをするアイアワスカという野生の薬草でできた幻覚剤を使います。トランスに近い状態に入ると、彼らは意識を完全に開き、重要な精霊たちを知覚して交信することができるようになります。

部族の言い伝えによると、人間は精霊の世界から離れてしまうと、人生を完全に全うできなくなるそうです。このようなパラレル次元を受容するということは未熟でも迷信めいた行為でもなく、人生を豊かにするホリスティック（全体的）で実用的な行為なのです。それは思考に刺激を与え、想像力の根源でもあります。そして私たちに自分たちの環境や、共に生きる存在たちに対する責任感を持たせるものでもあります。

精霊の世界があり、私たちが精霊たちと協力して生きていくという事実は、ネイティブアメリカンの伝統では常識です。このような社会の人たちは、自分たちの生存の糧と人生の質は精霊たちとの健全な関係に基づいているといい、現代文明が彼らの存在を無視することに驚くのです。

デーヴァと精霊

異なった種類の精霊たちをヒンディーやサンスクリットの言語では、総括して「デーヴァ」(訳注＝1)と呼んでいます。デーヴァには一枚の葉など小さなものから惑星ほどの大きさのデーヴァがいます。デーヴァたちは自然の中の生命体、そして想念や直感という内面の世界、この両方を助けてくれています。後者の例は、正義のデーヴァ、コミュニケーション促進のデーヴァ、そして宗教儀式のデーヴァなどです。

アジア大陸のインドから東アジアまでの何百万もの家庭では、毎朝、家の神様にお供え物を捧げ、一日が始まります。日々の生活の中には、デーヴァたちへの感謝の気持ちがあります。私たち西洋人が再び、その重要性を理解し、尊重しはじめている今、現代的な教育を受けたアジアの人びとが、それらをすべて迷信として拒否しはじめるとしたら、なんと皮肉なことでしょう。

用語

英語では頻繁に「スピリット（Spirit）」（精霊／霊）という言葉を使います。私たちは場や舞踊や車の精霊の話をします。その場合、私たちは何かの本質とかインスピレーションの話をしています。本書の中で私は「精霊」と「デーヴァ」を同義語として使っています。「天使」「女神」「青写真」も同じ意味を持ちます。

私たちはいろいろな種類の精霊に対して多くの言葉を使います。地・水・空気・火という四大《しだい》元素（エレメント）、妖精やノーム（地の精霊）、ケルビム（智天使）やセラフィム（熾《し》天使）、天使や大天使、アーケタイプ（原型）、女神や神。半科学的な用語では青写真とかモーフォジェネティックフィールドなどがあります。モーフォジェネティックフィールドとは原子、細胞、岩、植物や動物にはそれぞれの経験を記録したエネルギーフィールドがあるという考えですが、これはあとで取りあげようと思います。

神秘家や部族的宗教（ネイティブアメリカンなどの）では、生きものすべてに肉眼では見えない精霊が宿っているという共通の理解があります。それらのリストは木、山、湖、動物、岩、家の中のもの、建築物、植物、川、舞踊、儀式、ヒーリング、コミュニケーション、贈り物と永遠に続き、すべてに目に見えない精霊が宿っているということです。デーヴァの次元は、存在するすべてのものの創造的な母体なのです。

この中には、あまりにも素晴らしくまばゆいため神や女神として描写されてきた存在もあります。偉大な山脈、町や天体のデーヴァたちなどです。そのほかの存在はあまりにも小さく顕微鏡でしか見えない、岩の分子サイズの元素であったり、水滴の小さな雫の元素だったりします。神秘家や部族の伝統では、これらの精霊たちが私たちに影響や直感を与え、それが双方のために役立っていると教えてくれます。

世界に残る古代の伝統

古代から秘義を学ぶ者たちは、これら目に見えない精霊について長い間、学んできました。ユダヤのカバラ、キリスト教のグノーシス、そして東洋のタントラなどの伝統には、小さな火の精霊サラマンダーや水の精霊アンディーンたちから、妖精やケルビム、女神や大天使たち、そして龍などの異なった種族についてのはっきりした地図や描写があります。十九世紀や二十世紀にはルドルフ・シュタイナーとブラバッキー女史が、それぞれ固有の思想に基づいた人智学や神智学の教えを発展させ、その中で内なるメタフィジカル（超自然）な地勢について描写し、説明しようとしました。

古代の文明も人間の文化のさまざまな側面にインスピレーションやガイダンスをもたらす精霊たちがいることを公に認めていました。キリスト教以前のローマやアテネの神や女神たちを偉大なデーヴァとして解釈することができます。マーキュリー、ケレス、ネプチューン、そしてヴィーナスなどは現代でも偉大なカリスマ性を持ち、アーケタイプとしての力を持ちます。古代アテネでは教育や芸術にインスピレーションを与えるデーヴァがいると信じられていました。たとえば九人の女神たち——カリオペ、クレイオー、エラトー、エウテルペ、メルポメネ、ポリュヒュムニア、テルプシコレ、タレイアとウラニアです。また、そこにはこれらの精霊たちと交信したり、その言葉をチャネルする特殊な祭司がいて儀式が行われていました。このパラレル次元についてはプラトンのような偉大な哲学者たちも触れています。プラトンは、内的な次元には完璧な形や純粋な概念が浮揚していて、地上の対《つい》となるものの完全なる青写真が描かれている、と言います。

分析的心理学、深層心理学、トランスパーソナル心理学にも、内的次元についての理解が多少あり、それは個人の心とは別のもので、アーケタイプの概念としてすべての人間にアクセス可能だと解釈しています。カール・ユングのアーケタイプ理論は、デーヴァの存在性について認めはじめた初期のものです。この種の心理学は、心理的な経歴や日常的な現象以外の外的な影響によって人が作用される可能性を受け入れています。

儀式

現在でもほとんどの宗教が天使に働きかけるための素晴らしく感動的な儀式を行っています。たとえば、聖体拝礼のミサで使われるのは「天使、大天使、セラフィム、ケルビムと聖なる存在たちよ」という、有名な天使への呼びかけです。C・W・リードベターの著作『The Science of the Sacraments』(洗礼の科学)では、キリスト教会で行われる儀式で、天使たちが協力して手助けをする瞬間の描写があります。チベット仏教では、シンバルやホルンの大きな音で浄化と祈りのデーヴァたちを呼びます。イスラム教ではモハメット自身も聖なる天使によってインスピレーションを受けたといいます。

ほとんどの文化に見られる豊作の祭りは、それが春先の種蒔きのときであろうと、収穫の秋であろうと、ただ助けを求め、作業がうまくいったことを報告する表面的な祈りではないはずです。それは自然霊や土地の精霊に対するはっきりとした呼びかけであり、穀物の成長と豊かな実りを促すために精霊たちの支援が続くことを願うものでしょう。

二十世紀、そして二十一世紀に残るであろう、最も素晴らしいデーヴァの儀式の一つは、英国君主の戴冠《たいかん》式です。この長時間の特別な儀式では、さまざまな精霊たちが呼び出され、戴冠の際に新しい王が彼らからの祝福やインスピレーションを受けられるよう、あらゆるシンボルを使って、段取りや祈りが行われます。これらの精霊たちの中には英国の「フォルクガイスト」と呼ばれる民族霊もいれば、国王の権威や正義を象徴する精霊たちもいます。王冠自体は高度な叡智の象徴であり、聖なる叡智の天使への招待でもあります。この戴冠式はその統治期間、君主を守りインスピレーションを与えてくれる精霊たちと君主をつなげるための儀式として見ると意味をなします。同じように、英国の議会は一日のはじまりに祈りや黙想の時間を設け、政府の精霊たちに導いてもらえるように、呼びかけをするのです。

抑圧と再生

歴史を通して、その時代の主流の宗教のため、そしてのちに工業の近代化の過程において、精霊たちに対する人びとの意識は抑圧されるようになりました。ときには残酷な拷問によって死を招くこともありました。大勢の女性たちが花や草木の精霊たちと親しんでいたため妖術の罪で捕らえられ、生きながら火炙《ひあぶ》りの刑に処されました。無邪気に精霊たちとただ戯れたために有罪とされた者もいました。一六三四年にメアリー・スペンサーは、丘からバケツをころがしながら、丘を走り降りたとして捕らえられ、有罪の判決を受けました。愛を教え、「右の頬を打つような者には、左の頬も向けなさい」と教えるキリスト教が、なぜそこまで激しく人を責め、裁くようになったか、という学説は多くあります。理由はともあれ、キリスト教の教会は何世紀もの間、その教義に反し、意見の異なる者たちすべてにおぞましい戦いを挑みました。

女性でも男性でも、自然の美や内に秘められた生命を意識する者たちは、みな即座に標的になったのです。英語の「ウィッチ（witch）」（魔女）という言葉には、中世の宗教裁判によって「邪悪な」という意味が与えられましたが、本来は「叡智のある女性」という意味でした。自然霊や家の精霊の存在に気づいている女性は、即座に有罪とされ、ある司祭によると「邪悪な生きものであり、社会的には害虫であり寄生虫。憎むべき淫《みだ》らな信条を持つ、教会や国家にとって有害な秘密結社の一員」とまで言われました。英語の「ペイガン（pagan）」（異端者・異教徒）にも否定的なニュアンスが込められていますが、実際には、すべての生命に宿る精霊や精霊的存在を敬う人を指した言葉でした。人びとは女性やアニミズムの抑圧についての真実に目を向ける必要があります。英国の権力者たちは、西暦一五〇〇年から二世紀にわたり、三万人の女性を死に追いやった責任があります。ヨーロッパではルーテル派の教会の一員であり、高位聖職者であったベネディクト・カルプツォフは二万人を処刑しています。拷問にあい、殺された人の数は明確にはあげられませんが、大虐殺とか集団殺戮《さつりく》という用語を当てても、決して的外れではないでしょう。前世紀まで、キリスト教の宣教師たちは南米のアニミスト信仰を持つ部族を抹殺してきました。宣教師たちは生命の美しさやほかの存在たちとの相互依存を尊重するこれらの「異端者」をいまだに脅かしています。このように、女性や精霊に対する宗教の原理主義的な要素はイスラム教にもユダヤ教にも見られます。この心理的・物理的な抑圧の大きな影はいまだに残っています。皮肉なのは、組織化された宗教と科学は通常、イデオロギー的には対立していながらも、妖精、エレメンタル（訳注＝3）、ノームやそのほかの精霊たちの信仰に対しては、共に同じように嘲笑に付すところです。

傷の癒し

現在、大きな文化的変容の段階に入り、自由なコミュニケーションに基づく世界的規模の村づくりを行うなかで、私たちは精霊たちとの関係を復活させています。これらの一端は情報の自由化によってもたらされました。精霊の話をしたからといって火炙や拷問にあうわけではないし、関連の知識は書物でも入手可能になりました。そのうえ、私たちは今、自分の体験についてさらに自由に話せると感じていますし、現実に多くの人たちが精霊の体験を語っています。

そして私たちには、精霊を復活させ、彼らに畏敬の念を持つ精神的・感情的ニーズがあります。それを無視する原因の一つは、文化的アンバランスという現代の病にあるのではないでしょうか。原因は二つの大きな社会的な傷と関係があります。一つは女性に対する抑圧と侮辱です。男性の態度は力が強過ぎ、女性に対する新たなる尊重と位置づけによってバランスを取り戻す必要があります。男性優位の文化により、女性から指導力と影響力を奪ってしまったことは、社会にひどい不均衡をつくってしまいました。もちろん今、この状態が是正されるような健全な徴候もあります。

二つ目の傷は人類と自然との衝突であり、人間による環境とエコロジーへの虐待です。私たち人間は環境に対して自己中心的で無責任な態度を育ててきました。そのために環境破壊というしっぺ返しが今、私たちと子どもたちに返ってきました。この状況を語るアメリカの原住民オジブウェイ族の美しい祈りがあります。

祖父よ、祖母よ
私たちの挫《くじ》けた姿を見てください
私たちは知っています

すべての創造物の中で聖なる道からはずれたのは
人間家族だけだと
私たちは知っています
分離したのは私たちだけであることを
私たちは皆、再び一つに戻らねばなりません
聖なる道を歩むために
祖父よ、祖母よ
聖なる方よ
私たちに愛、慈悲、そして名誉を教えてください
私たちが再び地を癒し
互いを癒し合うために

――『The Essential Mystics』（世界の神秘主義要覧）アンドリュー・ハーヴィー編

ありがたいことに私たちは、自分たちが互いに密接に相互依存する宇宙のメンバーであること、そして私たちを支える環境をつくるか無に化す環境をつくるか、全責任があることを再び学び直しています。

しかし、今度は三つ目の傷があり、それも同じ程度に深く害をもたらすものであると多くの人たちが感じています。それは人類と精霊たちとの間の協力の欠如です。私たちは初めてその傷に気づきはじめ、それを癒すことが必要であると感じるようになりました。天使的な現象や超自然的な出来事への大きな関心や、部族的な宗教やシャーマニズムへの新たな尊敬の念などは、精霊たちとのつながりへの本能的なニーズを示唆

するものではないでしょうか。

このような領域があることを受け入れ、それが私たちの心や行動に影響を与えることをゆるし、それと協力するように自分を成長させることによって、より深いバランスと癒しをもたらすことができます。それは私たちの心の飢えに実に霊的に豊かな糧を与えてくれます。それは私たちの「何かをやる」という執着にバランスを与え、私たちがより調和した、ただあるがままにいるという状態を可能にしてくれるでしょう。

訳注＝2　ギリシャ語で守護神の意。古代ギリシャ人は生まれたときからデイモンがついていて、それにより運命が完全に、もしくは部分的に定まると信じていた。

訳注＝3　著者の見方によるとエレメンタルはノーム（地の精霊）、エルフとしても知られている小妖精へと進化してゆき、最終的には天使になれるという。エレメンタルは精霊の要素を持つ存在であり、四大《しだい》元素（エレメント）や人間の肉体の臓器から人間のエネルギーフィールドに至るまで、どこでも活躍している。

2

波動を合わせ、その効果を知る

まず精霊《スピリット》たちとともに働く目的は何でしょう。私たちはどんな結果を期待しているのでしょうか。

学び、実践的指導、そしてインスピレーション

私たちの目的は日々の生活の改善や、人生をより成功に導くことなどを超えたところにあります。それはさまざまな体験から得られる学びであり、奉仕や霊的な成長にあります。自然霊《ネイチャースピリット》たちが付き添っていることを庭師が感じたり、祭司が儀礼の天使に気づいたり、店長が自分の店に何らかの気配を感じたり、ヒーラーが癒しの天使の波動を感じることができれば、このような状況で私たちにもたらされるものは霊的な学び、実践的指導、そしてインスピレーションです。

看護師のキャシーが患者を助けようと、意識的に癒しの天使を呼ぶとき、ヒーリングに必要な精妙なエネルギーの流れを熟知している仲間たちを招き寄せていることを知っています。庭師のクレッグが新しい花壇の柵を作るとき、自然霊たちに波動を合わせれば、より美しく豊かな庭を創造するためのアドバイスがもらえることを知っています。自然霊たちと波動を合わせられる庭師と、そのようなことに鈍感な庭師とでは、実質的なレベルで大きな差が出てきます。

精霊たちとともに働くことによって、個人レベルにおいて霊的な変容も起きてきます。私たちが精霊たちと一緒に働くと、目の前のことにとらわれて走り回るのをやめ、自分の中心が定まって意識が拡大し、きめ細かく見分ける目が育ち、目標にかなった行動をとるようになります。これらが霊的な面で成熟するための鍵となる要素です。会社で社長を務めるジョンが自分の仕事の精霊と同調すると、彼はいつもの慌《あわ》ただしいペースから脱し、何でも自分の思い通りにしなければ気がすまない衝動を手放すのです。彼は自分の仕事の

精霊とつながることで、自分の仕事を新しい創造的な視野から捉え直し、理解できるようになっていくのです。

メリット

光や音、宇宙の波動に比べると、私たち人間はとても密度の濃い、束縛された肉体を持って生きています。私たちは五感を通して物質世界とつながりを持ち、見ています。音がうるさかったり、サイズが大きかったり、色が派手だったり、匂いが強かったりするほど、私たちの注意が向きます。

私たちはふだん、密度の濃い肉体の五感を信頼していますが、物質世界以外の精妙な領域になると感受性の問題が出てきます。精霊の内的な領域は物理的にはっきり認識できないものです。テレビとか高速の乗り物のように、私たちの五感に訴えてこないからです。ところが、この領域に意識が向くと、その世界がホンモノであることに驚かされます。自然も同じようなところがあります。環境の美しさに気づかない人たちがいるかと思えば、その美しさで鋭気を養い、畏敬の念を抱き続けている人たちもいます。

精霊の世界の存在を受け入れることによって、私たちの人生観や人生体験が大きく広がります。その霊的な体験は、どのような信仰を持っていようが、その信仰に左右されることはありません。宗教の枠を外した宗教体験のようなものです。私たちに魔法や詩の本質を与えてくれ、すべての生命の根底にある知的存在への深い感謝の念も育んでくれます。

現実の重要性

しかし、精霊たちがいろいろな面で私たちを助けていることも忘れてはいけません。私たちは苦しみや不正に満ちた現実世界に生き、多かれ少なかれ、それに耐えています。そして私たちの多くは、度合いは異なってもこの苦しみを乗り越えて、もっと良い世界をつくりたいと強く感じています。しかし、人間だけからそのサポートとインスピレーションを得るのは難しいでしょう。サバイバルを実践しながら個人的・社会的に変容していくためには、異次元の仲間たちとつながっているという感覚と、彼らから受け取るインスピレーションが大きな助けになります。

彼らがそこにいてくれていると分かっているだけで、最悪な状況にあっても宇宙的な輝きが得られ、必要とされる力が与えられます。それ以上に、彼らがどのように、そしてなぜ存在するのか、どうしたら彼らとつながれるか知ることによって、私たちは自分たちの人生に素晴らしいサポートを得ることができます。私たちは自分の行いにインスピレーションや知恵を何度求めてきたことでしょう。自分に十分な時間が与えられ、心を開きさえすれば、デーヴァ（訳注＝1）たちはそれを与えてくれます。そして彼らと協力して歩むことを選べば、自分の人生のあり方や雰囲気がすべて変容しはじめるのです。

現代人の多くは精霊への関心が自分を現実から目を背かせ、空想世界に埋没させてしまうと恐れています（ニューヨークでデーヴァの講義をしたとき、前の列にいた二人の聴衆が、自分たちが妖精だと信じていて、私に何度もおかしな相づちを打ってくれたこともありましたが……）。

しかし、現実から逃避する必要はありません。精霊と関わることで、今ここにある現実世界にしっかり足を着けたまま、意識を拡大することができるのです。それはいま行っている行動の本質に私たちの波動を合わせてくれ、新たなインスピレーションを与えてくれるのです。これらすべてが私たちにとっても、自然や社会にとっても良いことなのです。プロテスタントのある牧師が彼の著作『Royal Truths』（高貴な真実）でうまく表現しています。

「自分の子ども、メイド、隣人よりも天使たちと仲の良い男は、現実的なキリスト教徒とはいえません」

最初のつながり

精霊たちと協力的な関係を築くには、何かの活動を開始する直前が最適です。それは多くの人びとがすでに直感的に行っています。何かの仕事に取り組む少し前に時間をとり、集中してみたり、瞑想状態のようなものに入ったりしてみるのです。気分のギアを変えて、ちょうどよい「状態」に入ります。そして準備ができたと直感的に感じたときに、彼らは仕事を開始します。

その一瞬の「間《ま》」をとると、とても面白い、ドキドキするような精妙な何かが起こるのです。私たちは活動を開始する準備段階に入っています。どのように取り組み、どんな結果を出したいのか、自分の中で考えを固め、状況を見定めます。私たちは意識的にも無意識的にも、自らの記憶や過去の経験、期待や意図によって活動の方向性を引き出していきます。

透明な青写真

何かを始める前の段階では、いろいろなことが起きています。私たちはまるでインスピレーションの波動を待っているかのようです。私たちは潜在意識、そしてテレパシーを使って、この少しの間にこれから行う活動の青写真やパターンとつながっているのです。

今、仮にすべての活動にはそれ自身の予定や構造があるという考えを受け入れてみてください。この青写真またはパターンには、それ自身の生命力があるとします。この物事に内在する透明なパターンは、精妙なエネルギーで形づくられ、生きているのです。「精霊」と私たちが呼んでいるものは、このパターンのことでもあるのです。

人びとがとる「間」は数秒のこともあれば、何カ月や何年も続くものもあります。しかし、どんなに長くても、それは仕事に内在するパターンや精霊とつながっている時間なのです。

＊ モナ・リザを描くためにレオナルド・ダ・ヴィンチが「間」をとる。
＊ キッチンの床を磨く前に清掃作業員は「間」をとる。
＊ 図面を描きはじめる前に建築家が「間」をとる。
＊ 剪定を始める前に庭師が「間」をとる。
＊ エンジンを外す前に修理工が「間」をとる。
＊ 恋人が相手に触れたり、抱きしめたりする前に「間」をとる。

人によっては、このような人びとの「間」と精霊の世界をつなげるのは、大変に難しいかもしれません。森や山へ行き、そこに何か気配を感じるとか、自然のエネルギーを感じることは簡単にできても、日常生活の中にも内なる精霊が訪れているのだと納得するのは、それほど容易ではないかもしれません。

ダ・ヴィンチが絵を描く前に「間」をとると、彼の意識と創造力の源が絵画の精霊やミューズ（芸術の女神）と結びついていました。同じように、私たちもキッチンを掃除したり、車を修理するときに、それぞれの活動の精霊たちの波動に自分たちを合わせることができるのです。

家の掃除には、やはりデーヴァが存在するのですが、読者の中には疑い深い方もいるかもしれません。このデーヴァの存在に対して二つの見方があります。一つは、宇宙には天体が内爆発を繰り返しながら、生まれ変わり続ける多数の銀河系があり、そこに一点の塵《ちり》のような惑星である地球が存在し、またその中に塵のような二本足の生きものがスポンジやクレンザーを手にキッチンの流しをゴシゴシ磨いている姿があるということ自体、かなり奇妙な例外的な現象だということです。そして宇宙には、物体よりエネルギーや意識の方が浸透していることを考えると、掃除といった活動そのものよりも活動に関わるエネルギーとか本質の方が見つけやすいはずです。

二つ目は、世界中の家庭、とくにインドや東洋などではキッチンに小さな祭壇があることを考えてみてください。この祭壇を取り囲むオーラが、掃除とか家庭のリズムを支えているということを想像するのは難しいことではありません。すべての活動で私たちを支えてくれる精霊たちがいるのです。

古代の船造りの儀式

活動の前に「間」を保ち、活動の精霊に波動を合わせるという人間の自然な行動は、多くの部族社会で現在も儀式として存続しています。家庭生活にも仕事にも精霊に対する感謝の儀式が織り込まれています。その素晴らしい例は、南太平洋の小島、トロブリアンド島の船大工たちが見せてくれます。外洋航行のカヌーを完成させるために、船大工たちはそれぞれの段階で必要なデーヴァたちを呼ぶ儀式を行います。

海の精霊たちと過去の船の精霊たちがまず最初に呼ばれ、船造りのすべての面で成功へと導いてくれるように祈りが捧げられます。船体に使う木材を切り出すときも、森に入る前に彼らは森の精霊たちと話し、最良の樹木に導いてくれるようにと祈ります。そして木を切り倒す前に、その精霊たちに歌を捧げます。

木の幹からカヌーが削られてゆく間も歌を捧げ、儀式を行い、海のデーヴァたちに「波や海や深海の野獣を友としてスムーズに波に乗れるような船を造らせてください」と祈るのです。船大工たちはカヌーの舳先《へさき》の部分を削るとき、船が波の上を踊るようにスムーズに進むように、特定の精霊を呼び出し、助けを求めるのです。

これらの名残りとして、現代の工業化社会においても、私たちは船に命名し、処女航海の前にシャンパンで祝福をします。数百年前には、ほとんどの大型船の舳先には幸運をもたらす船首像が彫られていました。

ネイティブアメリカンなどの部族の間で、さまざまな活動において精霊と交信する儀式を行うのは、極めて日常的なことです。ところが、象牙の塔にこもる研究者たちの目には、単に迷信的行動とか、部族の社会的な連帯を育む場としてしか映らないようです。原始的な人びとは、コントロール不可能なことをコントロールできるふりをしている、と学者たちは説明します。しかし、これはとても視野の狭い解釈です。

島の船大工たちにとって儀式は、絶対に手抜きできない船造りの重要なプロセスの一部なのです。精霊たちは造船に関わる内なるパターンであり、彼らは船造りの仕事を導き、自然界の材料から運の良し悪しまで、すべての段階で協力を保証してくれます。精霊たちは大工たちの能力の許す限り、いちばん立派な船を造らせてくれます。この生きたパターンである森林や海、そして波の精霊たちは、最高のカウンセラーであり、技術コンサルタントなのです。

キリストより三世紀以前に、古代中国の賢人サン・ツーは次のように言いました。「儀式を通してこそ、天と地に調和がもたらされ、太陽と月は輝き、四季には秩序が保たれ、星はその軌道に乗り、そして川は流れ、世は栄え、愛と憎しみは加減され、喜びと怒りは管理される。儀式を守る者は種々の変化の中でも混乱することがない。儀式こそ文化活動の最高の結実ではないだろうか」

精霊たちとの協力

このような精霊たちとの協力は、原始的と呼ばれる人びとに限られたものではありません。現代の西洋社会でも、いろいろなレベルでこのような協力を見ることができるのです。

ガーデニング

私の主宰したワークショップにベロニカという三十代の事業家が参加していたことがありました。彼女は自らのガーデニング作業について次のように語りました。

「私はバラの木の剪定をする前に、しばらくそれを眺めながら、近くに立ってみます。ちょうど、これから自分が何をするつもりかを、前もって知らせるような感じです。同時に、剪定のいちばん良いやり方を感覚的に捉えるという感じもあります。実際に枝を切るときは、丁寧に作業をします。協力しながら、という感じです。花に何かをしているというより、花と一緒にそれを進めているという感じを受けます。私は……」

彼女は自分が何を言いたかったのか気づいたように、ちょっと「間」を置いたあとで続けました。「それは、まるで木の精霊と一緒に行動しているかのようです」

「間違えたりする不安はないですか？　その精霊を傷つけてしまうのではないかと」。誰かが質問をしました。

「最初にガーデニングを始めた頃は確かにそうでした。でも時間が経つにつれて自信が出てきたようです。

だんだん植物の精霊と波動を合わせられるようになったのです」

事業

仕事の展開がはっきりせずに悩んでいた北欧の実業家は、妻に勧められて私のデーヴァの講義を受けにきたことがありました。事業家が援助やアドバイスを求めに、こういった講義に参加するのはたいへん珍しいことです。その実業家スヴェンはこう語っています。

「私はずっと神話が好きで、学生時代は古代史の講義を取っていました。西洋文明のルーツを見ると、神話の神々が日常生活の一部分だった時代があります。交易の市場にも特別な神様たちがいました。自分の今の事業にも特別な神様や精霊とか天使がいるのではないかと何となく思っていました」

講義が終わってスヴェンはスカンジナビアに帰国し、一年後、彼は自分の身に何が起こったのかを私に知らせてくれました。彼は自分の会社の従業員が出社する前、朝いちばんに事務所に通いはじめたそうです。彼は、まずロウソクに火をつけると、心を静めて瞑想状態に入ります。彼の工場、従業員や契約について考え、この静かな時間に事業の天使と精霊に呼びかけます。それからしばらく静かに瞑想し、どんな考えやイメージが自分の心を通り過ぎるか見つめてみます。彼は仕事の前に「間」をとり、自分の事業とその精霊に意識の波長を合わせていたのです。

数カ月間、彼はこの静かなひとときに生じた考えやイメージに基づいて具体的な行動を起こしました。スヴェンは工場の入り口に木を何本か植えさせました。主な作業場の照明も替えました。そして重役用の食堂を閉鎖し、一般の従業員と役員とが一緒に社員食堂で食事をとるようにしました。

これらは、彼が精霊と波動を合わせる朝の瞑想によってインスピレーションを受けて決めた多くの事柄のわずかな例です。彼は考えついたことや湧いてきたイメージのすべてに対応して行動をとったわけではなく、その中でもいちばん適切で、価値があると直感に訴えるものだけを取りあげてきました。何カ月か経つうちに、労働組合はどんどん協力的になり、生産も上がり、彼は自分の事業に新しい人生のあり方を見出したのです。

彼はビジネスコンサルタントを雇うことで、同じような戦略を与えられたのかもしれませんし、風水の本を読んだり、従業員のニーズに耳を傾けたなら、同じような結果を生み出せたかもしれません。しかし彼の場合、このような結果は、自らがつながる意志を持って事業の女神に波動を合わせ、そこから生まれたものでした。彼の決断は、自分の中の知恵や経験と波動を合わせる「同調」という行為から生まれました。これは事業の実践面においても、心の統一と平和を目指した精神的な成長においても、彼にとってとても意味のある行為なのです。

この事業家の話ではっきりしてくるのは、デーヴァとともに働くというのは、ただ実際に有効だというだけではなく、取り組んでいる活動の方法や雰囲気も変化していくということです。

人間関係

精霊たちとの協力についてもう一つ、夫婦仲が最悪だったジェーンの例があります。ジェーンは夫婦生活に調和が戻り満足できるものになれば、二人の仲は癒されると分かっていました。彼女は静かに座り、愛し合う二人のことを思い浮かべて瞑想しました。彼女は、翼のある愛のケルビム（智天使）とエロス（愛の神）にインスピレーションを与えてくれるように祈りました。

ジェーンが静かに座っていると、いくつかのはっきりした考えが浮かび、彼女はそれを後に行動に移しました。ロウソクを買ってきて、ロマンスと二人の関係の癒しのために捧げ、一晩、その炎を燃やしたのです。そして時間に余裕のある晩、夫に二人の関係を癒すのを手伝ってほしいと声をかけたのです。ジェーンはもう一本のロウソクに火を灯《とも》し、エロスと癒しの天使に来てくれるように呼びかけました。そのときから、二人の関係は癒されはじめました。

この場合でも、友人やカウンセラーのアドバイスとか本人自身の常識に従えば同じ行動をとり、夫婦仲を修復できたかもしれません。しかし、そういった場合でも、同じ質の、目に見えないサポートを感じることができたでしょうか。そして、彼女の夫を同じように簡単に説得できたでしょうか。

デーヴァを呼び、その効果が劇的で、瞬時に起きるときがあります。アンは一緒に家を借りていた人たちとギスギスした人間関係に陥っていました。口論ばかりが続き、最悪の雰囲気だったのです。彼女は家の精霊を呼ぶ方法を学んだその日、まっすぐ家に帰り、キッチンの棚に小さな場所を用意しました。そこに、花が咲きはじめた植物を小さなロウソクとともに置きました。

「私はこのロウソクを灯し、この家の天使を呼びます。共にここに存在し、家中の人たちがお互いに協力し合う家になるよう、私たちを導き、インスピレーションを与えてくださることに感謝します」と彼女は祈りました。

それから一夜にして家の雰囲気は改善され、そのまま続いている、と彼女は報告してくれました。

これらの人びとの話を読んでも、疑い深い人はこれらの変化の心理的な要因をたくさんあげてくるでしょう。私は三十年間、心理学を学んできましたが、それを超えた次元があることを知っています。この精霊たちの次元と協力し合うと、このような素晴らしい結果に導かれるのです。

3 私の歩み

このテーマは、私にとって理論的なものでも哲学的なものでもありません。本書の目的の一つは、自分の歩んできた道や実体験を読者の皆さんと分かち合うことによって、精霊《スピリット》たちの世界に目を向けていただき、どのように精霊の世界と交信し、そこから何を得ることができるのかを知ることです。

私がまだ十代の頃、私は覚醒した意識の状態や神秘主義、そしてオカルトなどにとても強い関心を持ち、この分野の本を読みあさりました。二十代前半になると、私は瞑想をしたり、ジグムント・フロイトとともに働いていた先生のもとで精神分析を受けたりしていました。その頃、私は出版の仕事に関わり、地元の政治活動にも積極的でした。

山の礼拝堂

一九七〇年、私は『The Sacred Magic of Abramelin the Mage』（賢者アブラメリンの聖なる魔法）という不思議な本に出合いました。この本には、自分の「聖なる守護神」や他のいくつかの精霊たちとの完全な対話を実現するための六カ月の儀式が説明されています。この儀式を行う者は小さな礼拝堂を造り、この儀式を行う半年間、自分を俗世間から隔離する必要があります。

私は守護天使や精霊たちが実際に存在しているのか分かりませんでしたが、その世界にとても惹かれました。私は守護神が自分のプシケ（精神）の隠れた部分かもしれないと考えていました。精神分析と瞑想によって、私は自分の心や精神、そして感情には隠された部分があることに気づいていました。守護天使に呼びかけをして精霊たちと出会うのは、自分の心理の世界の扉を開くために、とても理に適ったことに思えました。これは自分の隠れた深層を発見する一つの手段だと思いました。

私と私のパートナーはロンドンの出版関係の仕事をやめ、南モロッコにあるハイ・アトラス山脈に消えていったのです。私たちはマラケシュの八〇キロほど南、そしていちばん近い道路から五キロほどの場所に、フランス人の建てた小さな狩猟用の山小屋を見つけました。海抜一八〇〇メートルほどのところで、冬は一・八メートルもの雪が積もりますが、夏になると、空高く黄金のワシが飛んでいるのを見ることができました。電気も水道もなく、近くにある井戸、ロウソクとかオイルランプを活用する生活でした。私たちはそこで二年間、暮らしました。

儀式

私は礼拝堂を造り、祈りと精霊への呼びかけの儀式を毎日、始めました。私は自分の過去を振り返り、過去に犯した過ちが許されるよう、そして守護天使と出会えるようにと祈りました。西洋の神秘的伝統である、この短期集中的な儀式に自分を委ねましたが、実際は自分が何をしているのかよく分からないまま、精霊の世界に没頭していったのです。私は二十五歳でしたが、この六カ月の体験がデーヴァ(訳注II-1)、天使や精霊たちの世界に、私の目を開かせてくれたのです。

この儀式を始めて四カ月の間、私の日常生活のほとんどが祈りと瞑想、読書や谷の散歩に使われました。食事は菜食で、私は一人で寝ました。不思議なことですが、都会の生活から修道と祈りの生活に移るのに、さして大きな問題はありませんでした。

それが当たり前のように、私は異なった意識の状態に入りはじめました。多くの人たちがそうであるように、私は小さい頃から、すべてに生命が宿っていると感じていました。木や植物、雲、動物、岩や風景、すべてに漲《みなぎ》る生命力を感じるのでした。今はその体験の頂点にいて、絶えずすべての生命の鼓動と美しさを感じ、見ることができるようになっていました。

しかし、私は精神的にたびたび落ち込み、不安に襲われました。そんなとき、私はまわりの風景に慰められました。そこに存在するすべてが友達でした。友としての自然にすっかり満悦し、それに比べると人間同士の友情というのは複雑で混乱したもののように感じられたのです。

六カ月目の後半、私は一日六時間くらい跪《ひざまず》きながら、神様に自分の罪や短所を告白していました。それは精神分析とあまり変わらないかもしれません。そして自分が許され、守護天使と話ができるほど清らかになれるようにと祈りました。これは精神分析とだいぶ異なっていて、とても密度の濃い時間でした。このとき、自分の生い立ちやこれまでの教育で役立つものは何ひとつありませんでした。そして手づくりの礼拝堂には、とても強いエネルギーが充満しはじめたのです。

私は礼拝堂に向かい、オイルランプとお香に火を灯《とも》しました。私は祭壇の前に跪き、集中して祈り、天使と交信できるように祈りました。しかし、いつまでたっても何も起こりませんでした。私は天使と交流できるように精魂込めて祈り続けましたが、それでも何も起きなかったのです。

そんなある日、孤独と混乱の中、ほとんど歩けない状態で私は小屋にふらふらと戻り、ベッドに倒れ込みました。涙がこぼれはじめ、いつしか私は不思議な眠りに入りました。身体の緊張が解け、心にすべてを委ねたのです。突然、頭の中に声が聞こえ、それは私を呼び覚まし、礼拝堂に帰って来るようにと伝えているようでした。

私は導かれるままに祭壇の前にわびしく、みじめな姿のまま跪いたのです。するとそこに、私は壮大で美しい精霊の存在を感じ取ったのです。

何か目に見えない存在がそこにいるという感じでした。私は、拡大した、暖かい、慈悲に満ちたエネルギーフィールドを自分の上に、そして内に体験しました。その存在が私を愛で包み込んでいるのを感じました。過去に経験したことのない存在です。それは実際にそこにいる、生き生きした存在でした。その存在の助けによって、その後何日か、私はほかの精霊たちを呼び、彼らと出会うことができたのです。それ以来、私はずっとデーヴァの世界と意識を持って関係を続けています。

反省と統合

霊的な歩みの背後には、それ特有の知恵が働いていることに驚かされます。モロッコでの体験の半年後に、私は肝炎で倒れ、静養することになったのです。つまり、あの六カ月の体験をゆっくりと振り返る時間が持てたのです。私の病状は半年ほどはかなり深刻で、そのあとの一年半も静養が必要となりました。私は一時、血液中の酸素が欠乏する状態になり、身体が何週間も麻痺状態でした。

振り返ってみると、私はこの病気がなかったら気が狂っていたかもしれません。その頃、私はまだ若く、荒削りで向こう見ずなところがあったので、この静養のおかげで自分を見つめ直し、あの六カ月の体験を自分なりに統合することができたのです。

真実は？

あのモロッコでの体験は幻想だったのでしょうか。単なる想像だったのでしょうか。理性的にどう説明を試みても、最終的には必ずあの体験に戻るのでした。論理的で明晰な方法で何が起きたか説明できなくとも、私は確かに見えない世界を感じ、体験したのでした。それは否定できない体験で、風が枝の間を吹き抜け、川の水が海に注がれるのと同じように明白な事実でした。私は自分の意識を永久に開いたのであって、たとえ私の合理的な理性がそれを疑ったとしても、その事実を無視することはできませんでした。さらに正直に言えば、私は精霊の世界が好きでした。それは私にとって居心地のよい世界でした。私を高揚させ、自分が生きているという実感を与え、すべての生命との強いつながりを、より感じられる世界でした。

現実世界にとどまる

この深いつながりの感覚のおかげで、私は通常の生活から孤立することはありませんでした。私は「現実世界」から逃避することはありませんでした。実際、私は英国に戻り、大学院を卒業して教壇に立ちました。精霊の世界とつながる能力は、私が極度に感情的になったり、頭を使い過ぎたり、とても疲れたり、アルコールをとったりすると消えてしまいます。このような状態になると私は閉じてしまい、鈍感で「鎧《よろい》」を着けたような状態になり、内在する次元が見えなくなってしまいます。しかし、ある程度、生活や感情が安定していると、私はバラを眺めたり、その香りを楽しんだりするのと同じくらいはっきりと、容易にデーヴァの世界を感じ取ることができました。そこにデーヴァの世界があり、その世界に自分を開くのです。

しかし、この精霊たちに対する感受性は、私を霊能力者とか聖人にするわけではありません。私はいつもの通りの自分であり、いつもと同じ精神的な問題に悩まされていました。私は自分のことを「穏やかなノイローゼ患者」と評しています。

自分自身が変わらなくては、という思いが、獲得した感受性を維持し、デーヴァの世界をもっと深く探検したいという願望を強化しました。私は内在する次元を美しいと思いましたし、バランスを与えてくれることの美しさを必要だと感じました。デーヴァの世界とのつながりの体験は、自然とより親密で繊細な関係を持つことを可能にし、私を支え、自分の精神的な歩みや癒しに対して素直に力を与えてくれました。しかし、私にとっていちばん重要だったのは、精霊への目覚めた意識が私の人生に深みや喜びをもたらしてくれたことでした。

学ぶべきことを教える

しかし、私にはデーヴァや精霊がどんな存在であるか、まだまだはっきりしていないことが多く、彼らと協力し合ういちばん良い方法はどんなものか、十分に理解しているとは言えませんでした。そのため、私は実験や研究や学びに長い時間を費したのです。私はたくさんの文献を読み、そしてチベットのジュワル・クール師がアリス・ベイリーとともに書いた『A Treatise on Cosmic Fire』（コスミック・ファイアの論説）にインスピレーションを受けました。この著作を通して私は、デーヴァたちが形ある世界や自然界でどう働くかについて、そしてそれだけではなく、感情、精神や霊的なエネルギーの領域でどう働くかも、よく理解できました。そしてこの本は、デーヴァたちを人間のような存在として解釈することをやめさせてくれました。私は彼らが人間とはまったく異なった意識を持っていること、そして彼らの本質を理解するためには自分の創造力や考え方を拡大しないといけないことに気づきはじめました。

ワークショップの多彩な参加者たち

私はデーヴァについてのワークショップを始めました。教師とは自分が「学ぶべきことを教える」というのが英語圏では自明の理となっていますが、その通りでした。私は生徒たちの体験を聞き、理解することで、多くを学ぶことができたのです。

私は最初のデーヴァのワークショップを一九八三年の夏、スコットランドのフィンドホーン共同体で行いました。ここは落ち着いた雰囲気に包まれていながら、革新的な教育と霊的な場を提供する、何百人もが住むコミュニティーです。ここの住人たちはデーヴァの存在を受け入れています。自然や植物と関わって働いている人たちは、とくにそのようです。しかし、このようなワークショップには、どんな風変わりな人が申し込んでくるのか、私はセミナーが始まる前、少し不安になりました。

ホッとしたことに、初めてのセミナーに集った参加者たちは皆、まともに見えました。女性が十四人、男性が十人、年齢は十八歳から七十六歳まででした。半透明な紫のシルクを纏《まと》っていたのは女性一人だけで、彼女は画家でした。あとの参加者はコンピューターのプログラマー、秘書、牧師、大工、ビジネスマン、医師、ソーシャルワーカー、司祭、それに店員でした。一人ずつ自己紹介していくうちに、私の警戒心は解けていきました。参加者たちは仕事を持った大人たちで、精霊に関わる体験があり、ここでさらに理解を深めたいと思っていました。彼らの体験の最も重要な部分は、他次元から差しのべられた協力とインスピレーションへのはっきりとした認識でした。自分たちに何が起きたのかきちんと理解し、もっと効果的に働きかけたいという思いが彼らにはありました。

参加者全員が共通して家に関連する天使に関心がありました。さらに驚くことに、彼らは自然にはっきりとした五つのグループに分かれていたのです。おかげで、課題の多くをうまくこなしていくことができました。

すべてのワークショップを以下のグループ分けで行ったのです。

＊癒しと世話のグループ――ヒーラー、医師、看護師、教師、カウンセラー、セラピスト。

＊園芸と造園のグループ――農業従事者、園芸家、造園家。

＊儀式と祭祀のグループ――牧師、修道女、ウイッカの女性祭司、シャーマン、フリーメイソン、儀式オカルチスト。

＊芸術のグループ――画家、作家、建築家、音楽家、詩人、デザイナー、一般に芸術部門の人たち、ときには数学者、コンピュータープログラマー、エンジニアなども含まれる。

＊業務のグループ――事務員、実業家、弁護士、製造業者、宣伝マンやマーケティング従事者。

異なった背景で同様のアプローチ

いくつものワークショップが続くなかで、精霊たちとワークを行うための手順のようなものが自然に出来あがりました。全員、精霊たちが背後にいることを感じ取っていましたが、彼らはどのような活動でも、それを始める前に少し「間《ま》」をとり、目に見えないサポーターたちが近寄って来られるように呼びかけていたのです。私は、これら異なった背景を持つ人たちが同じようなやり方でワークするとは、思いもよりませんでした。

これを見ると、精霊の協力を得るのには、まず二つの段階があることが明らかになります。あとで詳細を述べますが、最初の段階は「波動との同調」、二つ目が「招き」です。山で過ごした時期を振り返ってみると、あの六カ月の儀式はこの波動との同調と招きのプロセスとして捉えることができました。

精霊の波動との同調

どんな活動でも始める前に、その活動と精霊に波動を合わせるための時間を少しとってください。数分じっとして、心を落ち着かせ、これから行うことについて黙想してみます。リラックスして、その活動の意味や目的を感覚的につかんでみます。多くの人はそれを直感的に行っていますが、意識的に行うのは新しいことかもしれません。

精霊への招き

穏やかな心の開いた状態になり、波動がうまく合って精霊が来てくれるように心の中で招いてください。声は出しても出さなくてもよく、自分なりのやり方でよいのです。大切なのは、精霊がもうあなたの隣にいるようにイメージし、来てくれたことに感謝することです。

第三の目に対する誤信

私はこのワークショップの最初の段階で、人びとが精霊をどうやって認識し、感じ取るかについて、極めて明快な理解に達しました。神秘主義の伝統では、霊能力について、そして額《ひたい》にある霊視の器官である「第三の目」についてさまざまな説があります。第三の目が正しく機能するためには、かなり霊的な進化を遂げる必要があるとも言われているようです。この見方によると、第三の目が開くとすべての内在する存在たちやエネルギーが色彩をもって鮮明に見えることになっています。

しかし、自分自身の体験やこの仕事に関わる多くの人の話をまとめると、この古典的な考えは、むしろ人から力を奪おうとする作り話のように思えてきました。私たちは皆、電磁気で構成されたオーラというエネルギーフィールドを持っていて、その中に何かが侵入してくると、それを知覚できるのです。私たちの心や想像力がその知覚したものにさまざまな解釈やイメージを与えます。実際には、そんな単純なことなのです。

私たちの多くはイメージを見たり、鈴の音が鳴るのを聞いたりはしません（妖精が来ると鈴の音が聞こえるという口承があります）。私たちが環境の変化を感じたり、精妙な雰囲気を感じ取ったりするのは、自らのエネルギーフィールドに生じた変化や新しい波動をキャッチするからです。色つきのイメージだけを期待するのは、未熟で非現実的なことです。鍵は自分のフィールドの中に何を感じているかです。このプロセスは、あとで詳細に説明しましょう。

青写真である精霊

このセミナーで三つ目の大きな発見がありました。それはデーヴァたちが生命のすべての面に内在するパターンであるということです。現代の科学は、どのようにエネルギーや分子や波動が原子として一つに固まるのか、その合成する仕組みを理解するのに苦労しています。その仕組みの鍵は、二つの機能を持つ原子のデーヴァが握っています。デーヴァは原子のあるべき姿のエネルギーパターンであり、青写真なのです。そしてそれは磁気で構成され、エネルギーや分子や波動を引き寄せてくっつけ、物質的な原子の形にします。

パターンや青写真を保持し、いろいろな要素を磁気で引き寄せて、物事を形づくっていく機能は、現実世界のすべての側面でデーヴァたちが行っている仕事です。植物の精霊は花のパターンをきちんと維持し、毎年、同じ形状の花を咲かせます。同様に、人の行う儀式の精霊も同じように儀式のさまざまな要素を集めて形を与えるのです。

精霊たちは私たちと平行した次元に住んでいますが、その次元は私たちの次元にしっかりと編み込まれ、私たちには不可欠なものとなっています。精霊たちを理解して共に働くということは、異なった領域に旅をするのとは違い、生命の本質、すなわち、ここにいま生きるのはどういうことかについての意識を拡大していくことを意味します。それは確かに別な次元ですが、それが無関係だというと、全生命のマトリックス（基盤）にとって、それがいかに重要であるかという大切なことを見過ごしてしまいます。ホリスティック（全体的）な言い方をすると、デーヴァたちは私たちとまったく同じ現実に存在しています。しかし、彼らの意識のあり方や活動は、根本的に私たちのものとは異なっているのです。

都会のデーヴァ

精霊の本質についての私の洞察は、単に知的なものだけではありませんでした。精霊たちとの実体験は続いていました。驚くことに、都会の中にいても、植物や木々を包んでいる不思議な生命力を簡単に知覚することができました。自然の景色から感じられる精霊たちのダンス、舞うようなエネルギーはタールとコンクリートの単調な背景とは対照的に、実に際立っています。公園とか庭に一歩入り込むと、そこに内在したエネルギーが躍動しているのが感じられます。ちょっと時間をとるだけで、デーヴァたちの存在を感じ取ることができました。

実際、ロンドンのケンジントン公園のような都会の中でも、どのチベットの村にもあるような、豊かな数々の妖精の話に満ち溢れていました。子どもの遊び場の北西の角には妖精がいっぱい彫られている木の幹があって、それはコメディアンのスパイク・ミリガンによって愛情を込めて修復されたものです。サーペンタイン池（蛇形池）の隣にはピーター・パンと、しなやかな身体の小妖精たちの有名な銅像が立っています。有名なオカルティストのクリスティーン・ハートリーは、ケンジントン公園の大きな木の根っ子に住む妖精たちについて警告してくれたことがありました。彼らには、幼い子どもたちや神経質な人を脅かす陰気で憂《ゆう》鬱《うつ》な波動がある、と彼女は言っていました。一九九七年になってダイアナ妃が亡くなると、公園の一部が大きな花の記念碑になりました。世界でも数少ない精霊たちへの素晴らしい呼びかけが表現されています。

儀式と礼拝式

もちろん、精霊たちの居場所は公園とか広場だけではありません。都会の中の彼らの環境は、熱帯雨林と同じくらいに素敵です。教会や寺院、そのほかの祈りの場にも、たいへん多くのデーヴァの活動が見られます。二十世紀の都会でも、先住民族やキリスト教以前の宗教儀式に現われているのと同じように、精霊たちとの関わりがあります。

この事実を発見した私は、儀式に対するつながりが強い団体を探し求めました。キリスト教の礼拝式もそうでしたし、霊的な指導者であるクリシュナムルティが会員であったフリーメイソンの一派もありました。カトリックやギリシャ正教の伝統では、とくに儀式の中に深遠な秘儀があるのが分かります。実際、ある神秘家たちはカトリックの礼拝式を西洋文化の中で最も素晴らしい霊的な儀式であると主張しています。また、フリーメイソンの儀式が完璧な形で行われるとき、寺院は魔法がかかったようになり、聖なる舞台と化し、荘厳な雰囲気が漂うのでした。これらの儀式に何回も繰り返し参加することで、その時間と空間の中に静かに座り、エネルギーと雰囲気に浸ることができるようになりました。

不安と幻想

私はこの時期に、主にネイティブアメリカンなどの部族を研究する社会人類学のコースを受けることになり、学会が抱いている精霊世界への敵意と直面することになりました。私は当然、部族の儀式や宗教の風習にとくに関心を持っていました。しかし、学問的な解釈では、すべての儀式や精霊たちとの関わりは単に心理的な投影から生じたもので、社会心理学的なニーズを満たす手段でしかない、というものでした。言い換えれば、部族の人びとは皆、救いがたいほど未熟であり、自分たちがコントロールできない事柄への恐怖や不安から、それらをどうにか操作できるという幻想の世界をつくりあげた、という解釈です。

フロイト派の心理学者であった私の父も同様の見解を持っていて、私が二年もの間、自分の守護天使に会うためにモロッコで精神修養をしていたなどという話を受け入れることはできませんでした。私が税金を免れるために外国に逃げていたと考える方が、父にとってずっと楽だったようです！　これこそ心理的な安心感を得るための投影と空想ではないでしょうか。実際、「精霊」に向けられる学者たちに共通した敵意は、叡智から来るものではなく、自らがコントロールしたり、理解することができない現実に対する不安を端的に表わしているものではないでしょうか。

現代文明はやっと最近になって、「原始的」なものの考え方とか子どもの想像力に接する態度が変わってきました。私たち西洋人は、それらのことを否定したり抑圧することが成熟した文明のすることではないということに、やっと気づきはじめたのです。そのような態度では、すべての生命と生きる喜びや精神を分かち合うという、素晴らしい理想を否定することになります。私たちが精霊を理解するためには、まず、すべての中に聖なる存在が宿っているということを本能的に察知する直感を取り戻す必要があります。

皮肉なことに、古い考え方を持つ研究者たちと毎日過ごしている間に、私は思いがけず、都会の精霊たちとの強力な体験をしました。

ロンドン市の天使

私はロンドンの古い地図をいくつも調べて、野原や森、谷や丘などが建築物に覆われる以前の地理や歴史を学んでいました。ある朝、私が大学まで自転車を走らせていく途中、私はロンドンの精霊だと確信できる、とても美しい存在とつながりを持ちました。私はロンドン市自体に天使がいるとは考えたことがありませんでしたが、つながりができたとき、それは当然だと感じられました。古代において町や村は、それぞれが守護霊や守護神に守られていたのです。このデーヴァは私の旅の案内役をし、特定の場所に導きたがっているようでした。自分のエネルギーフィールドで彼女の存在ははっきりと感じられ、私の心は彼女が送るメッセージやガイダンスを素直に受け入れました。

それから数カ月の間、デーヴァはロンドン市内の案内をしてくれ、そのエネルギーの流れがどんなものか示してくれ、自然のエネルギーの中心をいくつか見せてくれました。彼女が都市計画のどの部分やどの建築が気に入っているかなども教えてくれました。ときどき、教会の裏にある私の知らない、隠れた小さな庭や公園などにも連れて行ってくれることもありました。都会のレンガやモルタルに混じって自然の力を感じられるのは素晴らしいことでした。彼女が高く評価する特定のエネルギーの流れがある祈りの場や教育の場、そして演芸の場にも連れて行ってくれました。

ときにはデーヴァが好む場所に驚くこともありました。彼女の一番のお気に入りの場所はテムズ川の北岸で、クレオパトラの針と呼ばれるエジプトの記念塔が建つ、三日月形の街路がある場所でした。デーヴァは川の流れと調和し、すべてが配置されているのを好んだのです。もう一方で、これにも私は驚かされたのですが、リージェント公園の有名なナッシュ・リージェンシー・テラスは好きではないと言いました。理由の一つは、テラスがパーラメントとプリムローズの二つの丘から市内に流れるべき自然の流れを堰《せ》き止めているということ。二つ目は、健康な人間の流れが関与していないということでした。

そして彼女はロンドンで最も大きなハイテクな病院までも見守り、そこで仕事をする「癒しの天使たち」に私を紹介してくれました。

「病院は厳しいところに見えるかもしれないけれど……」と、そして彼女はこのように言っているようでした。「そこにある癒しのエネルギーを感じてください。病室を夜歩き、その癒しやケアのエネルギーを感じてみてください。エネルギーの多くはスタッフを通して流されます。患者たちや看護のケアをする人たちも完璧な癒しのパターンを満たすように導かれます。そのパターンは癒しの天使たちによって維持されているのです」

ある春の朝、私はデーヴァに呼ばれているのを感じ、ドルイド教の人たちが今でも儀式を行う古代の場である、南ロンドンの壮観な景色が見渡せるプリムローズの丘に向かいました。それは満月の日の朝でした。私は日が昇る前に丘に上がり、座って瞑想をし、何をデーヴァが見せてくれるか心待ちにしていました。

最初の陽光が暗闇を灰色から白色にし、そして最後に透明に変えていくなかで、いつもの新鮮な生命エネルギーの流れが風景の中を勢いよく流れはじめるのを感じました。そしてデーヴァが彼女独自の仕事を始めるのを感じました。それはまるで彼女が上昇し、自分のエネルギーフィールドを拡大し、明け方の生命エネルギーを取り込もうとしているようでした。彼女の動きはゆったりとした素晴らしいものでした。そして、エネルギーが彼女を通して流れてくるのを感じました。溢れんばかりの生命力が洪水のように都市に流れ、都会を住処《すみか》とする自然の生命すべてに注がれていきました。その生命力は公園、庭や窓際のプランターの植物、歩道の割れ目に育つ雑草など、あらゆるところの樹木や植物に流れていったのです。ペットや人間を含めて、都市中のあらゆる動物たちにもこのエネルギーの贈り物が届けられました。

デーヴァのエネルギー体の動きは二十分ほどのもので、徐々に消えていきました。

「なんという素晴らしさだろう」と、私は彼女に言いました。「満月のたびにこのようにするのですか？」

「違いますよ。毎朝です」と答えが返ってきました。

この精霊との体験が、ほとんどの古代文化において日常の一部として触れることのできた都会の天使の実在と彼らの考え方に、私を完全に目覚めさせてくれました。ローマとかアテネを西洋文化のルーツとしておきながら、これらの都会の神々を無視することは絶対に無理でしょう。

「妖精の輪」の修繕

都会のデーヴァとの出会いのほかに、私は風景のデーヴァたちとの出会いも体験しました。この第3章は、「自然霊《ネイチャースピリット》たちとの出会い」という古典的な物語で締め括らせてください。これは純粋なエネルギー的体験が、アーケタイプ（原型）のイメージに思わず解釈されてしまうことを示しています。

息子がまだ幼かった頃、私たちはイギリスの田舎家に住んでいました。息子のジェームスを背負い、ブルーという名のコリー犬を引きつれ、近くの森に散歩に行くのが私の日課でした。この森の一角には西洋ひいらぎの木が、突き出た枝葉で二メートル半ほどの小さな丸天井をつくるように立っていました。私は、なぜかそれにたびたび惹かれるのを感じていました。根元の地面は裸で、この小さな場所には何か不思議な力が感じられました。

田舎を散歩する人は皆が知っていますが、田舎には陽気な不思議な雰囲気を持つ特別な場所があるものです。その場所が円になっていて、キノコの輪に囲まれていることもときにはあります。英国の民話の多くは、これを「妖精の輪」と呼んでいます。この西洋ひいらぎの木の下にも、草やイバラが一面を覆ったところに「妖精の輪」のようなものがあるように感じられたのです。

ある春の日、その場所を通ろうとすると、そこをきれいにしてくれと頼まれているような気配をはっきりと感じました。そして、そこを通るたびにその印象が残るのですが、私は何ひとつしないでいました。

夏になり、私はまだ何の対処もしていませんでした。秋になると、私はなぜか多少の良心の呵責と恥じらいを感じるようになっていました。そして私はやっと重い腰を上げ、いつもの散歩に庭鋏を携えていったのです。ジェームスはやっと座れるまで成長していたので、片手に枝をつかませて、そこに何とか倒れないように座らせてから、「妖精の輪」の中に入りました。

私が、ぶら下がったつる草を切ったりし、西洋ひいらぎの枝の丸天井をきれいにする間、子どもも犬もおとなしく待っていてくれました。

丸天井や円が完璧にきれいに見えるように、私は土の上の古い石ころや枝葉やゴミをどけていきました。実は、そこには二つの「妖精の輪」があり、一つは直径二メートル半、もう一つは直径六〇センチほどでした。私は秘められたパターンに合わせて、外側を掃除していたのです。

この仕事をするには三十分くらいかかりましたが、驚いたことにまだ一歳半だったジェームスは、そこにとても楽しそうにずっと座っていてくれました。彼を遊ばせてくれていたのは、いったい何だったんだろう、と私は思いました。私は息子を抱きかかえ、「妖精の輪」に焦点を合わせて数分間、瞑想をしました。私は掃除を実行するまでずいぶんと時間がかかってしまったこと、そして完璧な仕事をできなかったことを謝り、しかし、これが人類の一人の代表がデーヴァの領域に気づいているという何らかの印になってくれることを願いました。

あくる日、私はジェームスとブルーを日課の散歩に連れ出しました。すると、急に自分のエネルギーフィールドにたくさんのはしゃぎ回るような動きが感じ取れたのです。小道全体とそれを囲んだ一帯が、デーヴァたちのさえずりとダンスのエネルギーで満ち溢れていました。西洋ひいらぎに向かっていく小道に、私たちを導く行列ができているようでした。それは感謝とお祝いの行列だったのです。

私の脳裏には、小さなドングリ帽を被った小さなものたちと、きらめく羽根を持つ小さなピンク色の存在たちのイメージが、否応なしに湧き出てしまうのでした。花々や草木の茎が旗のように立ち並び、彼らは不思議な弦楽器やトランペット、そして太鼓などを奏でて森全体にこのお祭りの楽しさが響き渡るかのようでした。

私たちが西洋ひいらぎに辿り着くと、とても格式張った物々しい雰囲気の中で感謝の意が伝えられましたが、私は簡単な仕事を果たすのがあまりにも遅れたので恥ずかしく思っていました。でも彼らは、人間が参加したことをとても感謝してくれていたのです。

それから彼らは私に緑色のタイツや先がクルッと丸まったエルフとしても知られている小妖精の靴を履かせ、房のついた革のチョッキを着せ、特別な緑色の手袋と帽子をくれました。そして赤ん坊のジェームスには、同じような服を着せましたが、帽子はくれませんでした。

「なぜ?」と私が聞くと、「私たちのために彼自身が何かをやってくれたときにしか帽子はあげられないんだ」と彼らは答えました。「彼は私たちに気づいているけど、実際に何かをやってくれないとダメなんだ」

私たちは「妖精の輪」のまわりで彼らが踊るのを見ました。小さな赤ちゃんの妖精たちは、さらに小さい円をつくって踊っていました。あとで行列になり、私たちが丘の下に行くのを見送ってくれました。

ジェームスが大きくなるにしたがって、私は魔法の雰囲気が漂う場所にいろいろと連れて行き、このときの出来事や、自然霊一般についても語ってあげました。今ではしっかりとした若者に成長した彼は、自分のエネルギーフィールドを開いていて、精霊たちを簡単に察知できるのです。十六歳になり、週末を田舎で過ごして帰ったあとに、彼は私を訪ねてきました。

「僕も緑色の帽子をもらったよ」と彼は言い、自分がもう一つの「妖精の輪」の掃除をして、妖精たちが感謝して集ってきた経験を話してくれました。

たまに私が外国を旅していると、デーヴァたちが私が彼らの世界と交信していることを察知してか、自分の近くに寄ってくるのを感じることがあります。彼らは私のまわりを取り囲んで、西洋の都会の男性たちが彼らと本当に仕事ができるのかと議論したりします。

「できますとも」と私は言います。

「では、証明してください」と彼らは反応します。

「証明しなくてもいいでしょ? 私が何を着ているか見てちょうだい」。すると彼らはイギリスの小妖精や妖精たちが着る緑色の服を、私が着ているのを見ることになるのです。

実は英語の「England」(イギリス)の語源は「Angel-Land」、つまり「天使の土地」という意味があるのです。緑色の服を見た外国の自然霊たちは、それで私を信じてくれるのです。それでも彼らは、私が協力してくれるのを見たがるので、私は必ず何かをしてあげます。

しかし、私にすべてを証明してほしいという人間たち、つまり懐疑論者や科学者たちもいます。残念ながら、彼らの目には私の素敵な小妖精の服が見えないのです。でも彼らには、私の政治心理学の博士号の証明書なら見えるのです。私には証書も小妖精の衣装も、どちらも同じようにたいへん貴重なものなのです。

4 透明なパートナー

本章では、異なった種類の精霊《スピリット》たちの簡単な紹介と、彼らがどんな姿をしているのかといった好奇心をそそるような疑問に答えていきます。

もう一つの興味深い疑問は、彼らの目に私たち人間はどのように映っているかというものです。彼らは私たちをどのように体験しているのでしょうか。ひょっとすると、私たちは単なる色や音にしか映らないのかもしれません。それとも、私たちを構成している原子や分子として感じているのでしょうか。エネルギーシステムとして感じるのでしょうか。彼らはまた、私たちをすべて他の宇宙の生命力と同じように感じているのでしょうか。私たちは雨森の複雑なエコシステムの一部、あるいは風や雲の流れのようにダイナミックな自然の一部なのかもしれません。

西洋人で禅宗の高僧であるアラン・ワッツの素晴らしい言葉があります。これは人間が自然の存在であることを表現しています。

「私たちはこの世界に入っていくのではなく、木の芽のように出てくるのです。海が波を生むように、宇宙は人間を生むのです」

どの人間も、自然のすべてからの表現であり、全宇宙の独特な活動の一部なのです。

目に見えない仲間とアニミズム

一輪の花に無色透明なパートナーがいると想像するのは容易です。花の香りと輝きは、そのように信じさせてくれますし、花のエネルギーフィールドは五感で感じられるかもしれません。しかし、このエネルギーフィールドは物理的な花から出ている輝きだけではありません。エネルギーフィールド自体が存在する権利を持ち、自分の次元に存在し、その花の青写真を維持しているのです。それがその花の霊魂とかデーヴァ(訳注＝1)、または妖精と呼ばれているものです。

種が成長し、芽が出て植物となり、そして花として咲きますが、デーヴァはいつも花とともにそこにいます。花が成長する間、ずっとその成長のためのエネルギーのパターンを維持しています。

このような透明なパートナーを持つのは植物の世界だけではありません。生命のすべての側面で、それが鉱物、野菜、動物、人間であれ、どんなに小さくても、逆に宇宙規模であっても、内面にエネルギーの青写真とかパターンを持つ、目に見えないパートナーたちが存在するのです。

すべて存在するものには、見えていようがいまいが、その中にそれを形成するための計画が存在しているのです。この計画は実際に命ある生きた存在たちで、私たちの宇宙と平行して、そして織り合わさるようにして、宇宙の随所に住んでいるのです。第1章で説明したように、歴史を通して多くの文化はこの概念を基本にしたアニミズム（精霊崇拝）の宗教を持っていました。

どんな姿をしているのか？

デーヴァといっても原子の精霊から惑星のものまで、とてつもなく幅広い種類の存在たちが含まれます。小さなエレメンタル(訳注＝3)たちから偉大な大天使たちまでとなると、明らかに皆、同じではなく、小石と木を比べたり、カタツムリとキリンを比べるようなものです。そして彼らは肉体という重い衣を持たないエネルギーの存在たちです。

彼らは人間のような姿をしていませんが、私たちが彼らを擬人化して、人間のような特徴を持たせるのは日常茶飯事です。こうして人間の脳は生命というものを理解するのでしょう。実際、人間的な姿をなくして、精霊たちを想像するのはなかなか難しいものです。

第5章と第6章では、どうしたらデーヴァを感覚で捉えることができるか、どうしたら見ることができるのかに焦点を当てていきます。いちばん重要なのは、私たちが自分のエネルギーフィールドにその存在を感じ取り、頭でイメージを投影し、感覚で捉えたものを解釈していく点です。

私もあなたと同じように、彼らの姿がどうなのか、とても好奇心がありました。その時期、数カ月の間、定期的に静かに黙想しながら、彼らのエネルギー体のパターンを感じ取り、見てみようとしたのです。私が受け続けた印象は、エネルギーの二重螺旋《らせん》が舞っているような感じで、その上に、たくさんの紐《ひも》をつけた傘があるように感じられました。まるで渦巻く身体を持つクラゲのようでした。ほかの人たちも、同じようなイメージを持っていました。

以前、私が書いた本に、この二重螺旋の渦はデーヴァの姿であり、あとはサイズと波動が異なるだけだろうと確信を持って述べました。あれから十年が過ぎた現在、私にはあのときほどの確信がありません。私は遺伝的情報を有する染色体、あの有名なDNAの二重螺旋構造に自分の体験を重ねていたのかもしれません。宇宙にはほかにも、銀河系を含むたくさんの螺旋があります。これらすべての螺旋は、デーヴァたちのエネルギー体の反映かもしれません。

一般に、人びとの持つ精霊のイメージは、全体的な波動の性質に対応しています。花のエネルギーパターンは小さくて繊細です。人びとがそのエネルギーパターンに波長を合わせると、小さな女性的な踊り子を想像するのは、決して不思議なことではないのかもしれません。

精霊の異なるイメージ

世界中の文化を見ていくと、同じ種類の精霊でもいろいろと異なったイメージが付与されているのが分かります。どの民俗学的な資料館に行っても、その種類の豊かさに気づくでしょう。たとえば植物や動物、そして土地と働く自然霊《ネイチャースピリット》たちを例として取りあげると、ヨーロッパでは半分人間、半分はほかの生きもののようなイメージのものが多く、ファウヌス（人間の上半身とヤギの下半身を持つ角の生えた牧畜の神）、サチュロス（半身半獣の森の神）とか牧神のパンがそうです。北米のホピ族の人びとは羽根のある「カチーナ」を見ますが、それは半分人間で、半分がワシです。アフリカ文化では、半分人間で、半分は木、葉っぱ、藁《わら》などの植物です。これらは皆、同じ精霊でありながら、それぞれの土地の文化に合ったイメージの服を着ているといえます。

古典的な地中海の神話などでは、これらの精霊たちはファウヌスとして視覚化され、半分ヤギである牧神パンに進化していきます。このような土地の精霊は世界中どこの文化にも見ることができるでしょう。神話に現われる、ワシの精霊、草木に覆われた「グリーン・メン」などの姿は、それぞれの文化がそこに育つ植物や動物とどのような関わりを持っているかが反映されているといえます。

感覚で捉えたものを視覚化するだけではなく、そこに音とか香りが加わることもあります。花の精霊を感覚で捉えたとき、鈴が鳴るような音が聞こえる人が大勢います。何人かの女神とか儀式のデーヴァたちは、よくハープやフルート、トランペットを持つ姿で描かれ、それは彼らが見えるだけではなく聞こえるという傾向を示しています（第3章末に述べた〈妖精の輪〉についての私の体験もその一つの例です）。私たちの頭脳や心は香りの印象も投影しているかもしれません。私の教えていたグループにファウヌス類の自然霊を招き入れたときに、メンバーたちは動物的な有機的な香りをよく実感しています。

そして、その大きさに関してもはっきりとした感覚でつかめることがあります。山の精霊がとても大きいだろうというのは容易に想像がつきます。私がいくつかのグループに木のデーヴァに波動を合わせてもらうと、精霊のエネルギー体の方が木よりずっと背が高く感じられるとよく言われます。エクササイズで牧神のパンとグループが交信するとき、パンが人間の二倍の背丈があるような印象を受ける人が大勢います。

はっきりと言えるのは、デーヴァたちは固体や形のないエネルギーの存在たちであり、さまざまな文化において、その特定の文化に合った姿で人間たちに見られるということです。しかし、継続した人間の想念の力によって、デーヴァたちの中には、そのエネルギー体に人間が投影したイメージが刷り込まれてしまうということも、確かにあるようです。たとえば、もし人びとが「妖精」のイメージを十分な回数、イメージして投影すると、妖精はこうであるという服を作ってしまうことになります。しかし、実際の形態は舞うエネルギーなのです。ここで、多くの文化で体験される天使や自然霊たちを見てみましょう。

エレメンタルたち

人間によって認知されている最も小さなデーヴァたちは土、水、空気と火のエレメンタルたちです。これらは自然界の素地を保つのを助けている存在たちです。

大地

土や地面のエレメンタルたちは普通、小さく色が黒いものたちで、体はずんぐりむっくりしていて顔は平べったく、バケツとかシャベルを持ち歩いているという姿で思い浮かべられます。ディズニー映画の『白雪姫』では、七人の小人たちが魔法の水晶の鉱山を掘っているという古典的なイメージが紹介されています。そのような存在たちのまわりの空気は密度が濃く、収縮していく感じがあり、居心地が悪いので、地のエレメンタルたちは陰気で気難しいと思われがちです。ゴブリン（小鬼）、ノーム（地の精霊）やホブゴブリン（いたずらな小鬼）たちは皆、このような性格を持っていると思われていますが、私たちのエネルギーフィールドが通常より密度が濃い物質に波動の焦点が合うと、そのような陰気な感じを経験するものです。それは地面にかかる物理的な重力に対応するように重い雰囲気がつくられるような感じです。多くの文化でこれらの地のエレメンタルは龍の姿をとったり、地下深くにあるエネルギー線や地球の地殻の割れ目などを走る巨大なミミズやナマズのような、おどろおどろしい生きものとして描かれています。火を吐く龍も、地震や火山とイメージが似通っている巨大な力強い地のエレメンタルの一つの例です。神話の巨大ミミズも、地球の透明なエネルギーネットワークを守る偉大なる自然霊の一つです。これらの生きものたちは地球の経絡《けいらく》にたとえられるエネルギーの線、レイラインを走ります。

水

魔法のような水のデーヴァの生命力を感じ取るためには、水が動いているときを選ぶと、驚くほど簡単に分かります。水のエレメンタルであるアンディーンたちは泳いだり、くるくると渦を巻いたり、潜ったりしています。井戸、川、滝、池、湖、海などは水の妖精たちで満ち溢れています。水のある場所、川や井戸などは聖地として扱われることが多く、そこに寺院や祭壇が造られたり、精霊のためのお供え物が置かれたりします。このような井戸の多くは、英国の聖地グラストンベリーにあるチャリスの井戸がそうであるように、癒しの精霊の住処《すみか》とされています。人は精霊がいることを意識することなく、コインを投げ入れたりして供え物をすることがあります。

川に精霊がいることは長い間、知られてきたことです。インドのガンジス川など、あまりにも清らかで力強い精霊がいるので、川自体が神様として崇められています。ガンジス川の川岸に四、五キロにわたって寺院や大天幕や塔が立ち並んでいます。ナイル川やユーフラテス川、ほかにも聖なる地として崇められてきた川がいくつかあり、そこにも供え物が置かれたりします。土地の精霊たちに敏感な人たちは、今でも定期的にロンドンのテムズ川に贈り物を捧げています。テムズ川も昔はヨーロッパの聖なる川とされ、エジプトの女神イシスの名前で呼ばれていました。この地域で研究する考古学者たちは、聖杯や盾などの供え物を川に放り投げた儀式の痕跡を発見しています。

海にいる水の精霊たちの魅力的で遊び好きな性格は、人魚の物語などで神話化されています。エネルギーの流れを見事に擬人化したのが人魚です。流れるような人魚のしっぽ、魅力的な身体、長い絹のような髪、船乗りの心を揺さぶる美しい歌声などがそのイメージです。海にはタイタン（ギリシャ神話で天と地の十二人の子どもの一人）とかネプチューン（海神）のような力強い存在たちもいます。

空気

シルフと呼ばれる空気の精霊たちは、そよ風や強風の中に見られたり、感じられたりします。葉っぱの舞う中で踊る姿や雲の中を疾走するイメージとして人びとに捉えられています。ヨーロッパのロマンス派の間で、シルフは半透明の服を纏《まと》ったり、絹の翼を持つ可憐な乙女のような妖精、あるいは天使として描かれるのが常でした。ときには、ほっぺを膨らませて、フワフワとした白い雲に息を吹きかけている丸っこい天童としても登場します。

もっと大きな姿の空気の精霊たちは天気の神様として描かれ、地球の気象の動きを促したり、制御しているのが見られます。北米のトーテムポールの一番てっぺんに描かれているのはワシの鼻を持った、天候を司るサンダーバードです。世界中で人びとは豊作のための天候の効果を期待して、これらの精霊たちと交信してきました。シャーマンたちは彼らに影響を及ぼすための儀式を行います。

私には、これらの空気の精霊たちとともに働くことを学んだ友人が何人かいます。グループで戸外でのワークを計画している場合など、彼らは精霊たちの協力を要請する場合があります。友人の一人が特定の日を晴れにしてほしいと願い、フィンドホーンで瞑想をしたことがありました。彼は瞑想を終えると、いささか困惑したように、しかし微笑みながら「別のリクエストがあったようで、私の願いは聞いてもらえませんでした」と言ったのです。あとで分かったことですが、なんと北米から訪れていたネイティブアメリカンの先生がちょうどその日の朝、天気の儀式を行った直後だったのです。

火

火の中を見つめて、火の精霊サラマンダーたちに惹かれない人はいるでしょうか。炎は命ある生きものたちです。炎の本質である生命体がどんな存在か想像してみてください。その幅はとてつもなく広く、ロウソクの炎のような小さな存在から太陽のような壮大な存在まで含まれるのです。最も素晴らしい姿は、地球の中心核の炎と熱の精霊たちや、太陽の中で燃える炎の火の天使たちかもしれません。さらに静かな場面を思い浮かべてみましょう。心静かに意識して一本のロウソクに火をつけるとき、魔法のように感じられるのはなぜか、考えたことはありますか？　ほとんど瞬時に雰囲気が一転します。どの宗教をとってみても、その祈りの場にはランプとかロウソクが灯《とも》され、火の精霊との交感が行われています。

太陽に内在する精霊を思い浮かべるだけで行うことができる瞑想があります。古代のヒンズー教の伝統で、いちばん古い祈りとされている「ガイアトリア・マントラ」は太陽に向けて行うものであり、デーヴァの世界がどのように畏敬の念に満ちた次元であるかを示唆しています。

全宇宙を支える存在よ
すべてが始まるその根源
すべてが帰依する源
我れわれの真理の探究が成就されるように
黄金の輪に隠される
神聖なる太陽のヴェールを取り払いたまえ
我れらが自らの義務を果たし
神の聖なる足元へ旅立てるように

自然界

植物

自然の中では最も小さな野生の花から大木のレッドウッドまで、どの植物にも必ずいるデーヴァたちがよく知られています。芝生や草の上に腹這いになり、葉っぱの中を覗き込んだ経験があるでしょうか。この興味深い顕微鏡サイズの世界には、もっと小さな生きものたちがいます。原子にも極小なデーヴァの本質が秘められているように、植物すべてに精霊が潜んでいます。そのほか、それぞれの芽にも、種や花にも小さな魔法使いのようなエネルギーパートナーたちがいます。神智学会の作家C・W・リードベターも、この小さなデーヴァたちをアリやハチのような存在であると述べています。

人びとは自然霊たちが特別な場所にしかいないと言いますが、それは本当のことを知らないからです。二つのレンガの隙間《すきま》に草や雑草が生えるとすれば、そこにも妖精が宿っているのです。あなたの家の窓辺にあるプランターボックスや庭に、街路樹や車の通りの激しい高速道路ぎわの植物の中にも、妖精たちは生きています。彼らは人間の文明の激しい侵入に、自然の厳しさと同じように対峙しています。私たち人間も自然の一部分であり、彼らと、ときには厳しく荒っぽく関わり、ときには協力して助け合うこともあります。

植物の根っ子の組織が十分働きはじめると、新しいデーヴァたちが植物と土との相互関係を生み出し、水分やミネラルの吸収を促します。これらの存在たちは部分的に土の要素であり、また自然霊でもあり、よくイメージされるのは木のまわりや根っ子と遊び、モゴモゴ言っているブラウニーやゴブリンという小妖精たちです。彼らが陰気で引っ込み思案なイメージに投影される理由は、やはり「地」の感覚から来ています。不思議に思われるかもしれませんが、彼らは人間たちが丈夫な根っ子の上を飛んだり跳ねたりするのを見るのが好きです。これは彼らにとってくすぐったいような愉快な波動を出すらしいからです。

木にはもちろん古代からの古い精霊たちが宿っていて、見守ったり、包み込んだりしています。彼らのエネルギーフィールドや意識には、自分たちの周囲に起きたすべての歴史の記憶が保存されています。これは、ときには美しさだけではなく、悲しみも感じさせます。第8章でこのような悲しみをどう扱ったらよいかを説明します。

木の自然霊を感覚でつかんでみる

木のそばに立ち、自分の意識を地面の中に下げていき、地球から栄養を吸収する根っ子の組織にまで持っていきます。その流れを木の幹まで追い、枝、そして木の葉という順に意識を持っていきます。葉は太陽の光を受け入れるために開いています。木全体に意識を向けて、自分の注意を拡大し、木のエネルギー全体に意識を向けます。樹木全体への感覚を持って、そのまま静かにしていると、木の精霊がはっきりとつかめてくるでしょう。

北米のヒダーツァ族の人びとは、ミズーリ州北部の谷に生息するハコヤナギの精霊たちに魔法の力があると信じてきました。ハコヤナギの木の下で休むと、特別な力や能力が備わるのです。人類学者サー・ジェームス・フレーザーによると、東インド半島のシャオの住民たちは満月のとき、ある特定の木の精霊たちが歩き回ると信じています。精霊たちには大きな頭やとても長い手足があり、どっしりとした体つきをしているそうです。これらの精霊たちを静めるために、土地の人たちは食べ物を供え物として捧げます。

動物

それぞれの動物にも精霊がついていますが、神話ではその種全体の青写真を持つ精霊の方がさらに重要視されています。たとえば、クマの精霊、ワシの精霊などです。すべての種に共通の精霊もいます。

大勢の人びとが意図的に自分をトランス状態に置き、動物の精霊たちと交信して、人間の暮らしの中で役立つ新しい知恵を学ぼうとします。特定の部族や一族は、決まった動物の精霊とつながりを感じ、置かれた環境の中でどう行動して生き残れるかについて、その動物の精霊から有益な情報を得ています。このテーマはあとでも触れたいと思います。

土地

土地の精霊たちは土地の生態系のあり方に精通するほど進化しています。彼らは相互関係にあるすべての植物や動物についての青写真を持っています。

土地の植物や動物の生態系を理解するだけではなく、特定の場所のエネルギーがどう働いているかも理解している、高度の知性を持った土地の精霊たちもいます。すべての聖地に、彼らはいます。土地のデーヴァたちは、とくに生命力と繁殖力豊かなエネルギーが地球を通り抜けて、自分たちのオーラの中にいるすべての存在たちに行き渡るように促進しています。そのような聖地は世界中にあり、イギリスではグラストンベリー、ほかにはエルサレム、チベットのカイラス山、アメリカのシャスタ山、北米のナイアガラ瀑布、ジンバブエのハラレ、オーストラリアのエアーズ・ロック、ボリビアのチチカカなどです。

グラストンベリーは「ガラスの島」、またはアバロン（アーサー王の王国）と呼ばれ、天使的な存在たちの首都として知れ渡っていました。イギリスのドルイド信仰の中心でもありましたが、後にキリスト教の最も大きな修道院が建つ場所となりました。現在でも、グラストンベリーの住人や、さまざまな異なった信仰を持つ巡礼者たちがそこで儀式を行い、それには繁殖の精霊たちを称えるためのトウモロコシの人形を作る儀式とか、キリスト教の巡礼行事などがあります。

同じようにさまざまな異なった信仰の巡礼者を引き寄せるエルサレムは、残念ながら宗教の争いの場になってしまいました。異なった信仰や儀式は、優勢に立とうと危険な競い合いをしています。これは悲惨な矛盾です。あまりに天使の種類が多すぎて、そこで祈りたい熱い気持ちが、命を危険に晒《さら》す競争を生み出してしまったのです。

人類と文明

多くの精霊たちは「自然な環境」とともに存在しますが、人間の世界も一緒です。ネイティブアメリカンなどの部族の人びとやアニミズムの信奉者は、人間を自然や精霊の世界から分離した存在とは考えていませんでした。私たち人間にも多くの精霊がついています。天使の軍隊が背後にいるのです。

人類と関係がある精霊を理解するためには、想念や感情にはそれぞれ独自の次元があり、それには動植物や山野と同様に、実体とか実質があるということを理解する必要があります。固体、液体、気体に実質があるように、感情体や精神体にも実質があるのです。人間が何かを考えたり、感じたりするときに生じたエネルギーは存在しつづけるのです。

この感情的・精神的エネルギーは、固体の原子がデーヴァの本質によって結合されているのと同様に、デーヴァの本質によって結合されています。土と水に波動分子があるのと同様に、感情と精神の波動分子があります。したがって、固体の物理的な生きものの領域とは別に、たくさんの種類の精霊たちが感情や想念の領域に住んでいます。人間が感情と精神の存在であるために、肉体は必要ないのです。

人間は感情や精神の活動が活発なので、精霊に満ち溢れた感情や精神の世界を出現させます。精霊たちは、感情や精神の目指す完璧な青写真を運んでいます。人間に付き添ってくれている精霊たちは善良で、私たちを支えてくれます。彼らが持つ特有の資質のおかげで、私たちがどうやって自分たちの可能性を実現できるか、彼らの波動に同調して聞くことができます（つまり〈呼びかけ〉）。私たちは時空間によって拘束されていると感じていますが、その感覚は彼らにはありません。

私たちの目指すべき、内に秘めている完全なる人間の青写真が実現されることは、守護天使たちの大きな課題です。彼らは私たちが危機に直面したときに手を差しのべてくれるだけの疎遠な存在ではなく、絶えずそばにいて自分たちのオーラの中に私たちを囲ってくれている同胞なのです。守護天使たちは、私たちが本質や魂レベルで誰であるかに応じて、ぴったりと波動を合わせてくれている存在なのです。

人生で幾度か自己変容への準備ができたり、変容を強いられている状況で、急に守護天使たちの存在に気づくときがあります。守護天使たちが私たちに似た存在として想像されるのは不思議なことではなく、天国に私たちを運ぶ羽根があり、黄金に光り輝くまばゆい存在であったりします。しかし、ほかの文化においては、この同じ精霊たちが動物とか龍の姿をとったり、人間とは似ても似つかぬ存在として描かれているかもしれません。

これらの精霊たちは個人の可能性だけでなく、グループの活動や目標にも意識を向けています。以前に述べたように、世界中の何百万もの世帯が家や先祖の守り神を祭っています。家族としての調和、家庭の中の調和をどうやって得るか心得ている精霊たちがいます。愛と人間関係の力学を理解している精霊たちもいます。キューピッドなどは恋人同士の完璧な愛のデーヴァなのです。

私たちの日常活動を司る精霊たちもいます。ヒーリングの天使たちや、創造力にインスピレーションを与える女神たちなどはその良い例です。正義の精霊、慈愛、民主主義、教育、芸術、建築や祈りの精霊たちなど、人間の理想を理解する精霊たちもいます。

このほかに都市や国家の精霊たちもいます。古代では、どんな村にも祭壇や寺院があり、住民は地元の精霊や神を祭っていました。それぞれの国家に「フォルクガイスト」(民族霊)とか「民族の精霊」と呼ばれる天使がいるというのは十九世紀のロマン派哲学でとくに人気のあった概念で、その醜《みにく》く変形した形がナチスの教義に見られます。このような民族の精霊たちは、国家の気質や性格に表現されているといわれ、フランスの雄鶏《おんどり》とかアメリカ合衆国のワシのような使い古されたシンボルの中にも、それを見出すことが可能でしょう。

その元祖はネイティブアメリカンのトーテムポールで、彼らは自分たちの小さな部族や一族が特定の精霊に見守られているのを知っていました。『Clan of the Cave Bear』（洞窟熊の一族）という人気小説は、そのような理解を土台に書かれています（〈洞窟熊〉とは守護精霊）。

より規模の大きい、より複雑な集落に発展しても、村や町とかが特別な精霊たちに見守られているという発想は継承されてきました。このような精霊たちは、英国民の精霊に与えられたいくつかのイメージによっても分かるように、国民を操作するために政治家や宗教指導者たちに利用されてきました。たとえば、セント・ジョージは鎧《よろい》を纏《まと》い、大蛇を退治し、戦いに挑む中世の英国軍を守ったとか、ブリタニアの女神は大英帝国の王座に座り、帝国や七つの海を支配する海軍を統率した、という具合です。

惑星と宇宙

内在する青写真とか精霊の概念は、宇宙全体に通じるものです。もし山の精霊が存在するならば、惑星の精霊がいても不思議はないでしょう。

占星術の世界では、十二宮の星座に偉大な天使たちがいて、彼らの波動が人間たちに深く作用するとされていました。多くの神秘主義の伝統では、宇宙全体に存在する精霊や天使たちの階層が描写されています。神学者や神秘哲学者たちは、異なったレベルの意識に伴う大天使や精霊たちのほか、惑星や太陽などの天体、星座や銀河に関わる偉大な天使や精霊たちについて深い思索をしています。たとえば、キリスト教グノーシス主義、カバラ、錬金術、ヒンズー教秘儀などは皆、これらの存在たちについてのイメージや図面を提供しています。西洋で最も知られている天使たちの階級は六世紀のギリシャ人、アレオパゴスのディオニュシオによって書かれたものです。上から読むと、セラフィム（熾《し》天使）、ケルビム（智天使）、スローズン（座天使）、ドミニオンズ（主天使）、ヴァーチューズ（力天使）、パワーズ（能天使）、プリンシパリティーズ（権天使）、アークエンジェル（大天使）、そしてエンジェル（天使）です。一九八〇年代にバチカンは天使の存在を確認する勅令を出し、天使たちが神のメッセンジャーであることを公式に認めました。

神学者たちが精霊たちについて深く思索しても、実際に彼らと交流を持とうとした神秘家たちに比べると、その内容は無味乾燥なものが多かったのも確かです。あるときには、神学者たちの研究がピンの先に何人の天使たちが座れるかという奇妙きてれつな論争に発展しました。ところが片一方では、白魔術師たちが天使たちの素晴らしい波動を体験することで、自分たちの霊的な成長を早めたいと考えていました。魔術師たちは、天使たちの波動を存分に体験するため、天使を呼ぶ儀式を行ったのです。儀式を重んじる古代エジプトの宗教にも、この考えがありました。しかし、儀式を司る者たちは、増大するキリスト教徒やイスラム教徒の権力と不寛容な態度によって追放され、地下に潜るしかありませんでした。彼らの儀式はテンプル騎士団、薔薇《ばら》十字、フリーメイソンたちによって受け継がれましたし、白魔術の中に残されたものもあります。

風刺画に出てくるような古典的な天使を呼ぶ儀式が一つあります。最初に外からの影響を受けないように魔法の円が描かれます。そして、その円の中に来てほしい天使と関連がある物や香りや植物などが持ち込まれます。そして深い瞑想状態に入った祈祷師がこれらに波動を合わせ、天使を呼びます。能力のある者が火星の天使とつながりたいと願ったとします。彼の準備するものの中には赤色のもの、鉄で出来たもの（火星の象徴）や特殊な植物や香りなどが含まれるでしょう。こういったものは彼が精霊とつながるのを助けます。そして特別な詩とか祈りなどを唱え、火星の天使が招かれます。波動的なつながりによって神秘家は、勢力について、または男性性、力、威厳、勇気などについて貴重なレッスンが受けられるのです。

異なった文化

このように精霊にはさまざまな種類があり、人間が着せたイメージも多様です。しかし、本当はどんな存在なのでしょうか？

デーヴァであることがどんなことであるか知っているなどと、うっかり言えません。私は彼らの経験の中には入ることはできません。それは電子の中に入ったり、海の波になれないのと同じです。しかし、彼らが何をし、どうやってそれをしているのか知っていますし、想像上、彼らの経験の中に入るのは自由です。

活動的な流れと受動的な流れ

最初に気づくのは、私たちがふだん親しんでいる生活圏のいかなる存在とも、それが異なっているということでしょう。動きや変化の豊かな形ある有機的な世界と比べて、です。例をあげれば、一輪の花の生命と、その妖精の生命との違いです。花の生命は活力に満ちています。まず種から始まり、固い殻を破って芽を出さねばなりません。それから地面から顔を外に出し、重力に逆らって太陽に向かって伸びていかねばなりません。開いて花になり、種を散らし、もう一度、そのサイクルを繰り返すために土に戻ります。

他方、花の妖精はほぼ同じ状態のままなのです。そのフィールドの中に完成された花についてのエネルギー的な青写真を維持していきます。花の成長段階で何があろうと、妖精はそのまま花を守り、完璧な成長へと促すのです。しかし、妖精は同時に、この花の日々の経験を自分のパターンの中に吸収していきます。このように、花のパートナーとして妖精も、経験や知恵を獲得していきます。妖精は、この花なしには機能することも目的を持つこともありません。この親密な組み合わせが、私たちが生命と呼んでいるものを形成しているのです。

自然や宇宙にも、このような共通するパターンがあります。創造の織り物を織る一つの流れは活動的で、もう一方は受動的なのです。しかし、この受動は創造性に富んでいます。デーヴァや天使的要素がなければ、活動的な流れは空回りして混乱が起きます。宇宙全体の活動に凝集性を与え、形にするのがデーヴァたちなのです。この橋渡し自体は、エネルギーをあまり必要としないかもしれませんが、確実に実をもたらすためのプロセスなのです。

天使界が神秘的で神聖である由縁はもちろんそこにあります。成長と変化の緊張の中、その良さは見失われることはありません。その次元はいつも希望と充足につながっています。

形をつくるための橋

原子は宇宙の中でいちばん小さな物質です。その中には、分子とか波動が含まれますが、それを凝集させ、固体にする何かがあり、それはデーヴァとかエレメンタルです。エレメンタルは自らのフィールドに完成した原子のビジョンと青写真を持っていて、それがないと波動や分子の一貫性がなくなります。

デーヴァのエレメンタルが原子のために何をするかというと、それはデーヴァが宇宙全体のためにしていることと同じです。形を創造するためのエネルギーの資質を提供するのが彼らの主な役割です。ドロシー・マクリーンは著書『The Findhorn Garden』（フィンドホーンの庭園）の中でこう語っています。

「鉱物、野菜、動物や人間の物理的な形態は、デーヴァ王国の働きによって形を与えられたエネルギーです。ときに私たちは、この働きを〈自然の法則〉と呼びますが、デーヴァたちは絶え間なく、喜びをもってその法則を体現してくれているのです。〈私たちはあなた方のように物を、外的な物質化した形、固体としては見ていません。私たちの見るのは、内在する生命力を備えた一つの状態です。私たちはあなた方が見たり、感覚でつかむものの舞台裏で働きます。これらは同じメロディーの中の違った音程のように中でつながっているのです。私たちの見ているのは生命の異なったあり方です〉」

その形は木であったり、滝であったり炎であったりします。そしてそれは、理想の概念の組み合わせ、たとえば正義と民主主義とか、ヒーリングと儀式などの活動なら、どんなものでも含まれます。以上を少しまとめてみましょう。

＊ デーヴァたちは物質世界にそのパターン（青写真）や一貫性を与えます。
＊ 物質世界――鉱物、植物、動物、人間や人間の行動――は、デーヴァたちに目的や活動を与えています。
＊ デーヴァ界と物質世界は互いを織り込みながら、この現実を創造しています。
＊ デーヴァたちがいなくては、私たちの物質世界は一貫性を持つことができません。
＊ 物質世界がなくては、デーヴァたちは目的を持つことはできません。

この仕組みを理解すると、デーヴァの本質である精霊の世界が、トランス状態の神秘家しか遭遇できない得体の知れない現象ではないことが分かります。すべての存在の「接着剤」として精霊界はいたるところに浸透しているのです。

音という形

デーヴァたちが形をどうやってつくるか、素晴らしい実例を示してくれるのが音と音楽の創造です。波動を音という形にするのはデーヴァの要素です。

オーケストラが熱演しているのに音が出ていないシーンを想像してください。クラリネットやオーボエのリードが振動しています。トランペットやトロンボーンを吹く唇が振動し、ヴァイオリン、チェロやベースの弦が振動し、ドラムやシンバルが振動します。これらの活動はすべて振動をつくり、それは空気中を伝わり鼓膜に届き、鼓膜をまた振動させます。しかし、音はどこから来るのでしょう。振動がどうやって音という形をとるのでしょう。その振動する空気がどのように、私たちが音とか音楽として知る素敵な形をとるのでしょう。

これを直接体験するためには口笛を吹くように唇を尖らせてみてください。注意して吹くことによって、空気を振動させることができます。素晴らしい存在がこの振動に音という形を与えます。振動はデーヴァの本質の橋渡しによって音という形をとります。目に見えないデーヴァの本質が音を生ずる意図を汲み取り、形を与えるのです。

存在することと物事を行うこと

アリス・ベイリーの『A Treatise on Cosmic Fire』（宇宙の炎について）の中でチベットのジュワル・クール師は、デーヴァたちには音が見えて色が聞こえる、と言っています。ジュワル・クール師はさらに、人間とデーヴァを比べてみると、人間は意識を拡大して存在する必要があり、デーヴァたちは焦点を合わせて物事を行うことを学ぶ必要があると述べています。デーヴァたちが彼らのあり方について説明しようとして、私たちに次のように語りかけてきていると想像してみてください。

「一つの原子の中での私たちの存在を説明するとき、波動分子や、その回転に物質的な形を与える〈接着剤〉としてたとえることができます。私たちは私たちの中で、その原子の完璧な構造を知っています。私たちは、その原子の秘めた可能性のすべてを知っています。私たちの意識の中には完璧な原子の体験があります。

私たちの存在がなくては何ものも結合した状態を保つことはできません。

私たちの生き方は自分たちの意識の中に、そしてエネルギーフィールドの中にあるものや存在、または出来事を丸ごと完全に体験し、それが完璧に成就できる可能性として維持されています。私たちはその可能性と、その達成を体験します。

自分の持つ可能性を実現し、完成させるため、人は何か活動のプロセスを経験する必要があります。私たちは、それを完成させるための力や動きやエネルギーはいっさい提供しません。でも、私たちは完成することがどんなものか知っていて、それが完成したらどんなものであるか、その青写真を持っています。その青写真は、このように成長できるのだというインスピレーションを人間に与えるための枠組みなのです。

私たちはこの過程に完全な愛をもって参加します。愛があなた方人間にとって不可欠であり、素晴らしいものであるように、物事を動かしたり、人間が自分の可能性を実現することを促すこの原動力としての愛は、私たちデーヴァたちにとって不可欠であり、素晴らしいものなのです」

デーヴァの進化

私たちの世界には自然な進化の流れがあり、それは鉱物から、植物、動物、人間へと進んでいます。デーヴァの世界でも同じような進化の流れがあり、それは、たとえばエレメンタルから、ノーム（地の精霊）、エルフとしても知られている小妖精、ファウヌス（人間の上半身とヤギの下半身を持つ角の生えた牧畜の神）、ケルビム（智天使）、セラフィム（熾《し》天使）、エンジェル（天使）へと進みます。それを念頭に置いていただきながら、生命の物語の可能性を探ってみましょう。

昔、木の一部だった炭素の原子が地殻活動や長い時間の経過によって、地下何千メートルものところに埋没したとします。これらの炭素の原子はほかのすべての原子と同様に、原子の分子とデーヴァの本質で構成されています。

何千年もの年月、そして土地の重さから来る強い圧力と断層のズレなどの地動により、原子はゆっくりとその分子構造や形を変えていきます。木からピート（泥炭）そして石炭、そしてダイヤモンドへと変わります。基礎は炭素の原子ですが、その形が変化します。形の変化とともに、木の一部であった初期の頃、炭素の原子とともにいたデーヴァの本質の意識も変化していきます。

デーヴァは原子に起きている変化のパターンを吸収しながら、同時に有機質からダイヤモンドへと除々に起きる変化の青写真を、自分のエネルギーフィールドに蓄えていたのです。しかし、炭素のデーヴァは意識を拡大したとき、どうやって次の段階のパターンを知るのでしょう。どうやってピートの構造の青写真から石炭へ、そしていずれダイヤモンドへと変わるということを知っているのでしょうか。

答えは、新しいパターンを二つの方法で吸収していったからなのです。一つは、実際に変化を体験しながらです。二つには、これが不可欠なのですが、すでに炭素のエレメンタルは、ほかのすべての炭素のエレメンタルたちと調和の波動でつながっていたのです。そのつながりを通したテレパシーで、エレメンタルはその次の段階の計画を入手していたのです。ほかのデーヴァたちは皆、その道を通って行ったことがあり、それで彼は次の段階に行くための必要なパターンを知ったのです。

若い炭素エレメンタルは植物の根っ子の近くまで行きました。彼の気づきは広がり、植物がどうやって土から栄養や水分を吸収していくのかも理解するようになります（植物や動物は本質的には炭素を基礎とする生物で、それらは炭素のデーヴァとつながっています）。そして、この小さなエレメンタルは、また調和の波動を通して、根の組織がどうやって働くかの青写真を吸収し、次には植物王国のさらに大きな青写真にもつながったのです。

炭素のエレメンタルは、根がさまざまなものを吸収する過程を理解する小さなノームにまで成長したということでしょう。この全過程の青写真を持っているのは、西洋流にいえば、ノームの王様といったところでしょう。

さらに、そのエレメンタルは小さな植物に惹かれました。そして小妖精になりました。小妖精とは英語で植物や木のデーヴァを意味します。もし花と関わっていたら、それは英国の伝統で「妖精」と呼ばれていたでしょう。

いったん、一本の植物とつながると、小妖精はすべてのほかの同じような小妖精たちと「調和」でつながり、そして植物全体の絵図を持っている、より大きな存在であるデーヴァにもつながります。その偉大なデーヴァは、小妖精の王様であり、もしもそのつながりが妖精だとすれば、妖精の女王に当たるわけです。

この小さな小妖精の進化する道程の一つとして、木とつながることを選んだとします。そうすると、大きな樫の木の精霊に進化する可能性が出てきます。そして、そのあとは群生する木々の精霊、それから森を守護する精霊などになっていく可能性があります。いずれ牧神パンになることも可能です。

しかし、私たちの小妖精は、教会のそばの立ち木の面倒を見ることに決め、教会のオルガン音楽やコーラス、そして信者たちの祈りの波動に徐々に意識が影響を受けるようになりました。この体験によって刺激された彼の意識は、教会を含むところまで拡大していき、教会の祈りを取り巻くエネルギーに焦点を合わせて、その精霊に成長したのです。西洋の「ケラブ」（智天使ケルビムの複数形）という言葉は、祈りや賛美のエネルギーを助けるデーヴァを指します。

こうして炭素のエレメンタルは自然霊となり、宗教的な祈りの青写真を持つデーヴァ界の一員となったのです。道が違えば、ガーデニングとか、子どもが遊びに惹かれて人間界と関わっていたかもしれません。

この生命の物語が示しているのは、デーヴァたちはいろいろな段階を経て彼らの人生を歩んでいきますが、動物や人間のような死に方をしないということです。彼らは実体を劇的に失うことはなく、進化の流れに沿って生きます。進化することで意識は拡大し、自分たちの持っている青写真はより大きく、より複雑になっていくのです。

感情や想念のデーヴァ

すでに説明したように、デーヴァのエレメンタルは単に密度の濃い物質の中に存在するだけではありません。彼らは水、気体や火の中にも存在します。デーヴァの本能は感情的・精神的なエネルギーフィールドや直感的・霊的なレベルのエネルギーフィールドにも深く関わります。これらのエレメンタルやデーヴァは自然とつながった進化の道を歩むのではなく、人間の想念や感情の大きなフィールドや宇宙の中で透明に動くエネルギー、光や異次元に関わる進化の道を歩むものたちです。現代科学が空っぽだと信じている宇宙空間も、実はデーヴァたちのエネルギーが満ち溢れる巨大なエネルギーフィールドなのです。

人間の環境という状況において、多くのデーヴァは感情や想念のフィールドで進化を始めます。彼らにとって経験の主な根源が人間の生活圏であり、それはほかのデーヴァたちが植物や動物に親密に関わるのと同じです。

感情のエレメンタルとして出発するデーヴァは、純粋に人間のエネルギーフィールドと関わる進化過程を辿るかもしれません。あるいは、人間個人の枠を超えて惑星の周囲に浮上する雰囲気とか感情の雲の流れを追うのかもしれません。同じように、想念のエレメンタルとして出発したデーヴァは、想念のアーケタイプ(原型)、たとえば正義とか民主主義などと関わりを持つかもしれません。このテーマは第9章で詳しく述べようと思います。

自己意識を持つ精霊

西洋では、自分の存在に対して自己意識をある程度、持つようになったデーヴァのことを「天使」と呼びます。人間と動物が異なっているのと同様に、デーヴァと天使は質的に異なります。動物が自己意識を持つようになると「人間」になります。デーヴァもこの進化の過程を通ります。天使または天使の定義は、「自己意識のある精霊」です。

重力と腐敗

デーヴァたちの中には、基本的な波動が私たち人間にとって居心地が悪かったり、健康的ではないものや人類との関わりによって損傷を受けているものたちもいます。それについては第8章の癒しのパートで取りあげたいと思います。

磁気的な引力と表現の自由

この章の初めで、デーヴァは受け身的な傾向があると説明しました。でも、この受動性には偉大な力があります。天使の青写真とエネルギーのパターンは、そのパートナーに物事を達成させるように磁気的に引っ張ろうとする力があるのです。この磁気は宇宙の自然の流れの一部です。それは私たちの次元では受動的に見えますが、宇宙的な力を発揮します。デーヴァのパターンは道標のようなもので、方向を示すだけではなく、自分の未来へと私たちを勇気づけ、引っ張っていってくれるのです。

実際、青写真の実現は未来の可能性としてありますが、デーヴァはそれを今、体験しています。つまり、ある意味でデーヴァは時間を超越しています。そしてテレパシーでほかのデーヴァたちとつながっているので、空間も超越しています。したがって、無神経な庭師や悪天候が植物の成長を妨害したとしても、自然霊は完璧な成長計画を持ち、未来へと植物を導くのです。

この磁気的な青写真はインスピレーションを与えるものであって、支配するためにあるものではありません。青写真は天使のエネルギーフィールドであり、さまざまな自由な選択権を含むオープンなマトリックス（基盤）となるものです。人生の万華鏡のような複雑さがそれを証明しています。花や人間、芸術作品、人間関係や儀式など、どれを取ってみても、まったく同じものは二つとありません。精霊はパートナーを惹きつけて導いていきますが、その基本的な導きの中に個人の性格、能力、才能、またそれらの限界や伸びていく多様性、それらの変化や創造性への自由があります。パターンは完璧なのですが、その中では何でもあり得るのです。あなたはモーツァルトについていたミューズ（芸術の女神）によってインスピレーションを受けるかもしれませんが、その結果は、モーツァルトとは異なるでしょう。あなたはレオナルド・ダ・ヴィンチを見守っていたミューズからインスピレーションを受けるかもしれませんが、描いた絵は、マグネットで冷蔵庫のドアに貼ってあるかもしれません。同様に、有名な色男ドン・ファンと同じキューピッドがついているとすると……。

デーヴァは彼らより活動的で、より物質的なパートナーである私たちを管理しません。単に青写真とインスピレーションを保ってくれているのです。それが天使の性質なのです。英語で誰かを天使だと表現するとき、害を加えることなく優しくインスピレーションを与えてくれる人だ、という意味をもって使います。人生が満たされるように人を魅了して、引っ張っていってくれる存在ということです。

アーケタイプとのつながり

天使の磁気的な力は調和によって、すべてほかの同じような天使たちとつながっています。したがって、バラの妖精たちは調和をもってバラの妖精どうしでつながり、そして同じ完璧なバラの基本パターンを保持しています。そしてバラの精霊たちは、すべてのバラの全体的なパターンであるアーケタイプの意識を持つ、より大きなバラの精霊ともつながっています。

「バラの天使」と呼ばれる、とても大きく複雑な存在がいて、その意識の中には地球全体のすべてのバラのデーヴァが含まれています。これは古くからある考え方です。プラトンはこのようなアーケタイプの存在を「完全な形」と呼びました。この高齢の、たくさんの経験を蓄えてきたデーヴァは、自分の意識の中にすべてほかのバラの精霊たちを抱えています。バラの天使は、バラ族全体の太古からあるパターンを持っているアーケタイプなのです。

同じように、バラの花の妖精は二つの方向に意識が向いています。まず一本の花のパターンとマトリックスを保ち、二つ目には、その種のすべての花のパターンを持つ、より偉大な自然霊とのつながりを持ちます。デーヴァの焦点は自分のパートナーである花にあると同時に、偉大なアーケタイプにあるのです。

バラの天使というアーケタイプと永遠のつながりがあるゆえに、妖精のパートナーである花が環境によって変化するときも安定していられるのです。そうして花に何があっても、妖精はその種の天使とアーケタイプのパターンとつながりを保ち続けるのです。

この枠組みの中で、精霊たちも経験から学び、知恵を積んでいくことが分かると思います。バラの妖精は植物に影響を及ぼしたすべての要因を磁気的に記録し、忘れることはありません。その情報はすべてのほかのバラに共有され、バラの天使に伝えられます。この仕組みを理解するためには、一瞬にして神秘に目覚めるか、単純に信じるかしかないのかもしれません。すべての生命の中に愛情深い計画と目標が展開されていて、この仕組みは一枚の葉っぱから、爆発的に誕生する星々までを貫いています。すでにあなたがそのことを知っていたり、体験しているのなら、天使の進化という創造的なパターンがとても理に適ったことだと分かるでしょう。神秘家がデーヴァとつき合うのを好む理由はここにあります。この自然と宇宙のプラスのダイナミックな働きに、デーヴァの意識は開かれているのですが、人間の場合は、身構えることをやめて自分をその働きに委ね、拡大した意識の状態に自己を持っていくためには、普通は相当な修練が必要となります。

神秘的な次元

私たちはデーヴァたちの存在によって囲まれ、浸透されています。私たちが知らなくても、デーヴァたちは私たちの原子や肉体の素材を織っています。自分が寂しく、疎外されていると感じたときに、自分の中にあるデーヴァたちの命とつながることができたら、そこに特別な愛と連帯感を見出すことができるでしょう。神秘家が生命の不思議に目を見張り、生命の喜びを祝うとき、それは自分の中に巡る何かを感じているときです。つながりとか愛の神秘的な意識は知的な思考ではなく、実感するものなのです。

人生が孤立しているように見えているのは幻想であることを私たちは知っています。花は一本で立っているように見えます。私たち人間も一人ひとりそうかもしれません。しかし、私たちは宇宙の拡大と成長に波動の合った精霊たちとリンクしているのです。宗教の道を歩む人びとにとって、天使たちとつながることが大いに役立ってきた理由はそこにあります。天使と波動を合わせるということは、偉大な宇宙の流れと波動を合わせることであり、それは同時に、道教、禅、キリスト教の核心部分と波動を合わせることなのです。

ほとんどの神秘家の伝統では、神が始めと終わりで時間を超越している、と信じられています。他方、私たちは時間を辿り、経験を積みながら成長する必要があります。しかし、デーヴァたちの場合は、どちらかというと神のあり方に近く、彼らもプロセスの始めと終わりを分かっています。

5

デーヴァを感覚で捉える

子どもの頃、何か不思議なものを感じたり、怪しい光を見たり、妙な音を聞いたことをまわりの大人に伝えたら、「へえ、そうなの。想像力がたくましいね」などとからかわれた覚えはありませんか？　どんなに愛情豊かで善良な親でも、いつもこのような反応では子どもたちが精霊《スピリット》とつながったり、精霊から何かを学び取るのが難しくなります。

この本を読んでいる皆さんの中にも、精霊を体験していながら、それに気づいていない方もいるかと思います。現代の社会や文化の下では、このような経験に気づき、理解を示し、意義があるものとして捉えてはこなかったのです。

精霊を体験するのは、とても精妙な行為だというのも事実です。五感をもってしても、そう簡単に気づくものではないし、私たちはそのような感覚に注意を向けるように教育されていません。成長するにしたがって、そういった体験は完全に想像力の産物だと思い込んでしまいます。

ワークショップの参加者たちが、ひょっとしたら自分の想像かもしれないと思いつつ、デーヴァ（訳注＝1）体験をほかの参加者に恐る恐る語る姿を、私はよく見かけます。人は、自分を信じて理解してくれるグループの人たちが周囲にいると分かると、自分に起きたことが本当だったのだと自信が持てるようになります。私たちは皆、ほかの人も同じような体験や同じような疑問を抱いたことがあると分かると、安心して体験を振り返ることができます。しかし同時に、懐疑心も大切だということは忘れないでください。私たちは日常生活で自分が見たり聞いたりしたことを、すべて信じているわけではありません。私たちに備わった自然な懐疑心や好奇心に導かれて、私たちは人生を試行錯誤するのです。これはこれで健全なのです。精霊たちとの接触を感性で捉えはじめたとき、理性や知性は当然、警戒体勢に入っているはずです。多くの伝承の中で、精霊たちと交信するのは賢者と呼ばれる人たちだったということを思い出してください。彼らは何でも信じる愚かな、騙《だま》されやすい人びとではありません。

では、どのように注意して感性を働かせるのでしょうか。どうしたら、そこに何かがいると分かるのでしょう。作り話ではないと、どのように見極められるのでしょうか。

デーヴァをどのように感じ取るか

仕組みはとても単純です。私たちには密度の濃い肉体以外にエネルギーフィールドがあります。私たちは自分のエネルギーフィールドに何かがいると、それを感覚で捉えることができます。デーヴァや精霊には肉体はありませんが、エネルギーフィールドはあります。ですから、デーヴァが私たちのエネルギーフィールドに入ってくると、私たちは彼らを感知できるのです。

エネルギーフィールドの中の波動

「エネルギーフィールド」というのは、地図帳にある地磁気圏とか、大きな動物も殺してしまうような電気ウナギの電気フィールドと同様に、一般的な自然現象です。このエネルギーフィールドは私たちの身体の中から外へも放射されています。西洋人はそれを活力と呼び、ヒンズー教ではプラーナと呼びます。人間のエネルギーフィールドは感情と精神と精霊とが関わり、より精妙なエネルギーと放射光で構成されています。このフィールドはアーユルベーダ（古代インド医学）、東洋医学、ホリスティック医学の考え方の基本の一部を成しています。このエネルギーフィールドはいわゆる「オーラ」と呼ばれているもので、身体の中や周囲にあります。新しいエネルギー、特徴のあるエネルギーやはっきりとしたエネルギーが自分たちのフィールドに入ると、フィールドに新しい波動や乱れが生じるので、私たちはそれに気づきます。この乱れはオーラを伝わって肉体に達し、神経系への刺激や化学変化として肉体に察知されます。これは温度や湿度の変化のように微妙なものです。しかし、その感覚がはっきりとしている場合もあります。

デーヴァを感じるためには、自分のフィールドで自分は何を感じているか、特別な注意を払う必要があります。精妙ではありますが、それは肌で直感的に感じるものです。何かがあなたのフィールドに入ってくると、たとえば背筋がゾクゾクするとか、周囲の雰囲気の変化として感じられるのです。

精霊の感覚と第三の目

最も基本的な訓練は、私たちのエネルギーフィールドで何が起きているかに気づき、そして感じ取るということです。こういった感性に注意を払う習慣がないために、多くの人にとってこれは難しいことなのです。しかし、すぐあきらめないように。いったん注意や意識が向いてくると、それは驚くほど簡単にできるのです。ただ単に想像力を使って遊べばよいのです。ほかの人たちより敏感な人たちもいますが、まったく分からないような鈍感な人には、私は今まで一度も会ったことがありません。

知覚のメカニズム

人間のオーラは新しいエネルギーや異なったエネルギーを波の乱れのように感じ取ります。神経系はそのメッセージを脳に伝達し、そして脳はそれに気づいて解釈します。

もし、その感覚があまりにも精妙だと、脳はより大きな刺激や経験を察知するように慣らされているために、精妙な感覚は無視されます。騒音や周囲の動きとか、興奮や不安といった心理状態など、さまざまな日常的な感覚も精妙な感覚を閉め出してしまいます。

デーヴァを察知するには、黙想できるような雰囲気をつくる必要があります。ほとんどの人の場合、本当は敏感であるはずの感受性が、心理的な鎧《よろい》を何層も重ね着してしまったうえに、現代社会の生活習慣にどっぷりと浸かっているために鈍っています。

現代人の集中的な日常活動は、それが肉体的、感情的、精神的なものであろうと、私たちの心や精神を荒削りにし、その上にコーティングをかけてしまったりして、知覚できる範囲を狭めてしまいます。心が緊張した状態の人は、沈んでいく太陽の美しさや子どもの笑顔、風向きの変化などに気づいたりしませんし、当然、デーヴァの精妙な世界に気づくわけがありません。

第3章で私の六カ月の儀式の最後に何が起きたか説明しました。祭壇の前に跪《ひざまず》いて、天使に最後の呼びかけをしたときに、私はそこに何も現われなかったと思ってしまったのです。私の不安が大きすぎて、もっと精妙なレベルで何が起きているかに気づくことができませんでした。その緊張を緩めたとき、私は初めて何が起きたか悟ったのです。

まず、静かに心を落ち着けることを学ばなくてはなりません。この章の後半で説明しますが、それはさほど難しいものではありません。一度、心が平穏になると、あなたの脳が感じ取ったことをうまく解釈して、しっかりした意味を持たせてくれます。

その感覚をはっきりした視覚イメージに翻訳する能力がある少数の人びとがいます。それは「透視能力」と呼ばれています。イメージは脳によって創造されます。多くの西洋人は妖精や天使を見ようと懸命です。しかし、そうして見るのは肉眼で見るほどリアルではありません。それは網膜を通しての印象がないからです。目が見えない人に透視ができるのはそのためです。頭脳が感覚で捉えたものを、もともと知っているイメージで描くのです。私の知り合いの透視家は、精妙な感性にとって透視能力は邪魔であるとはっきりと言っています。自分の見えているイメージが自分の感じているエネルギーの正しい描写であるか、絶えず確認しなくてはいけないそうです。

ある人たちは感覚を言葉に翻訳しますが、これは「超聴覚」と呼ばれています。英語圏の人は精霊の言葉を英語で聴き、ポルトガル人はポルトガル語で聴きます。精霊を香りで知覚する人たちもいます。

しかし大部分の人は、ただ何かそこにいるという気配を感じるようです。あなたは、精妙な感覚で察知するより、もっとはっきりした形で何かが見えたり、聞こえたりする方がよいと思うかもしれませんが、もし見えたり、音が聞えたりしたとすると、それを解釈したり、判断する必要が出てきます。ところで、感覚を受け取って解釈するのは額《ひたい》の部分にある前頭葉であると証明されつつあります。これはいわゆる「第三の目」かもしれません。

知覚が捉えたものは真実か?

残念ながら正確さについては明快な答えはありません。もちろん、ほとんどの人にとっては、自分の受けている印象が本物なのか、想像なのか、確証が持てないのは辛いことです。そのせいで、ペテン師や、よく勘違いをする霊能力者もいるのです。自分の受けた印象について一〇〇パーセント確信のある霊能力者は〝要注意〟です。この分野では多少のズレや間違いの確率もあるということを説明しなかったり、自分の仕事に対して謙虚になれない人には気をつけてください。

精霊を感じるためのコツは、とにかく心を落ち着かせ、印象が浮かびあがるのを待つことにあります。興奮しているときにはっきりとした印象を受け取るのは不可能です。また、人は自信がないと、その穴埋めに経験を当てはめて印象を過大に解釈してしまう傾向があります。

同様に、真剣になり過ぎたり、熱心になり過ぎたときも、身体や心を緊張させるので、感じ取れた印象はあまり信用できません。精霊はエネルギーで出来た存在です。そしてエネルギーは絶えず動くのです。真剣過ぎるのは硬直した態度のあらわれです。

この精霊のことについて単純で理路整然とした説明を求めようとするのは、あまりお勧めできません。訓練はデーヴァを感覚で捉えるのがポイントであり、数学の世界ではなく、どちらかというと詩的なものです。ピタゴラスの古代ギリシャのミステリースクールでは、数学的な正確さと詩的な芸術との逆説的な関係について明確な理解がありました。ハープは完璧に調律されるべきです。でも、生まれる音楽は調和であり、詩的なのです。硬直していたり、物理的な論理性によって拘束されてはいません。

これは現代のカオス理論から生じる波の美しさにもたとえることができます。カオス理論は外的な力によって支配される、一見、予測不可能な組織の行動を理解しようとするものです。方程式の土台には固定した数学的な定数がありながら、現われるのはカオスなのです。しかし、このカオスからいくつもの美しいパターンが生じます。

さらに必要になるのはポジティブな懐疑心です。さまざまな文化的・精神的な荷物を背負った私たちにとって、オープンな心で、自己内省をするため、よい意味で疑いの心を持つのは大切なことです。

精霊たちは人間と同じではないですし、あなたは新しい次元に取り組みはじめたばかりなのですから、自分がまだ初心者であることを自覚してください。精霊の世界はいつもそこにありました。しかし、あなたはそこに新しい一歩を踏み出したばかりです。馴染みがあると感じられるものもあるでしょうが、不明確なもの、精妙なもの、新しい感覚があると予想して、自分をオープンにすることです。

自分のエネルギーフィールドがどうやってメッセージを神経系に伝達しているかを追っていくと、自分の身体全体が精霊を受信するセンサーであることが分かるようになります。ですから、リラックスして自分の身体に意識を向けていてください。

最後に付け加えると、あなたの心は自分のエネルギーフィールドに入る対象を知覚して遊んだり、解釈したりする自然な本能を持っています。伝わってくるイメージ、音や言葉は、もともとの実体験に着せた象徴的な衣服のようなものだと理解することが大事です。それ自体が経験というより、何かを示唆するものなのです。

その結果は、手紙、電話やEメールのようなはっきりとした正確なメッセージではありません。デーヴァの領域は天候のようなものであり、あるいは海で泳いだり、ヨットに乗ったりする感覚や音楽のようなものです。それは空気や雰囲気であり、いずれあなたは、それが真実であると確信するようになるでしょう。

精霊を受け入れるための基本事項をまとめました。

＊ 心を落ち着かせること。興奮している状態で受け取った印象は信用できません。
＊ リラックスした態度で臨み、少しユーモアも持ちましょう。このワークをあまり生真面目に深刻に受け止める必要はありません。
＊ 解放的な心の状態、詩的な心の状態でいること。
＊ 自分の成長具合を振り返るようにする。精霊との交流は継続するプロセスであって、一回限りの成功例を出すような作業ではありません。

＊　新しい空気や雰囲気が出てくることを予想し、それが学びのプロセスだということを忘れないこと。
＊　あなたのフィールドに何かいるかどうか、リラックスして自分の身体を意識すること。
＊　自分の想像力に遊び感覚を持たせ、これが絶対に現実であると思い込まない柔軟な意識を持つこと。

場の雰囲気の変化に気づく

これで、何か視覚イメージが見えたり、音が聞こえたりすることがそれほど大して重要ではないと分かっていただけたと思います。重要なのは感覚とその質です。言い換えると、場の雰囲気の変化などです。あなたは、チュチュを着て、銀の羽根を持った妖精を見たいと思っているかもしれませんが、それより花のデーヴァが自分のオーラに入るとどんな感覚なのか気づく方がずっと意味があるのです。あなたは、黄金の大きな翼を持った大天使ラファエルのような姿の癒しの天使を見たいのかもしれませんが、もっと重要なのはラファエルの雰囲気を自分の中で捉えることなのです。私のワークショップで最近行われた会話が、この良い例です。

「森の中にいたんです」と参加者は興奮して話しています。「そこら中に光がキラキラと輝いていたんです。それって妖精ですよね」

「かもしれませんね」と私は答えます。「でも、その光を見たときの、その場の雰囲気はどんなものでした？」

「大体が銀で、赤とか緑の光もありました」と、彼女は見たものにこだわって答えます。

「それは分かりましたが、どんな風に感じられたのですか？」

彼女は目を閉じて集中し、思い出そうとします。

「私たちがワークショップでよく使っている言葉がぴったりした状態です」と彼女は答えます。「それは魔法のようでした」

「自分のエネルギーフィールドに入ったとき、どんな風に感じられたか覚えていますか?」

「ゾクゾクしました。楽しかったです。それから、少し怖かったです」

「怖かったのですか?」

「そうです。あまりにも新しく、私が知っていたものと違うから」

「もう少しそのままで、少し怖くてもその感覚を体験してみたいと思いますか?」

「もちろんです」。そう答えた彼女の心が光り輝いているのが見えるようでした。彼女は光にあまりにも気を取られてしまい、もう少しで実際に体験したものを見逃すところでした。

新しい経験だったので少し緊張していたかもしれません。それがもっと深く経験する妨げになっていたかもしれません。

ゾクゾク感を持続させる

初心者は共通して光、色、香り、接触などの魔法の瞬間を数秒間だけ体験したりします。それはよく、公園、庭や森などで起こります。そして人の家、カウンセリングやセラピーを受けている最中、何か創造的な瞬間とか、まったく予測できないときにも、よく起きます。ゾクゾクっとしたり、何か魔法が起きているような感じ、何か不思議な、忘れられない魅力的な瞬間が、一瞬にして起きるのです。すべてが光り輝き、まるで違う世界に変わってしまったようです。空気中に何かキラキラしているのが見えたり、空中に浮いているような感じで、音が聞こえたりするかもしれません。木や植物の色が変化しているように見えたりするかもしれません。

あなたの注意はこの新しい現実に惹かれるかもしれませんが、精霊の世界からは目立った、明らかなサインは送られてきません。ユニフォームを着たデーヴァが挨拶に来ることはありません。あなたはもっとはっきりとしたサインが欲しいと思うかも知れませんが、それは入手できないまま、あなたはその体験を忘れてしまうかもしれません。でも、あなたの神経系はデーヴァの存在と活動を捉えたのです。

何が本当に起きているか探求したければ、時間をとり、リラックスして、自分が何を感じているかチェックする必要があります。それは難しいことではありません。じっとして受け入れる用意をし、自分が何を感知するか待つのです。

問題なのは、この魔法の瞬間を数秒以上に延長できるかどうかです。でもそれ以上、輝く光や鈴の音を期待しないでください。自分の中にある知覚の扉を開いてみましょう。静かにして、精妙な印象を感知できるか、モニターしてみてください。

ジョアナは東ロンドンの市営アパートに住む友人たちを訪ねていました。彼女はしばらく、四階の部屋から建物の間にあるみすぼらしい芝生とボソボソっとした数本の木が立っている景色を眺めていました。その景色は醜《みにく》いようにも見えましたが、太陽が照っていて、空は青色でした。彼女がリラックスしはじめたときです。急に鈴の音が鳴るのが聞こえてきたのです。音は彼女の心の中で聞こえ、彼女は自分のエネルギーフィールドで何かが起きる前兆として受け取りました。彼女はもっと深くリラックスして、自分のまわりの環境を意識しはじめました。

彼女はエネルギーを感じ取ることができ、彼女の心はアーケタイプ（原型）のイメージをつくりました。景気の悪い町の芝生の上で、木のまわりや子どもたちの遊び場の中に、エルフとしても知られている小妖精や妖精たちが踊りながら一列になって歩いているのを見たのです。

ふだんの閉じた意識の感覚では、そのような場所に自然霊《ネイチャースピリット》が踊っている姿などとても想像できなかったはずです。しかし、太陽の下でリラックスしたとき、はっきりとそれを感知できたのです。彼女は、まず意識を持つことを選択する必要がありました。

基本的な技術

すでにお分かりかと思いますが、精霊を感覚で捉えるには一つの基本的な技術があります。心を静めて、自分のまわりの空気を感じ取ることです。この技術を身につけるためと称して、根拠のない話が語られています。強い集中力が必要だとか、霊的に純粋でなくてはいけない、とかです。私の知っている限りでは五分以上、テレビや映画を見たり、音楽を聴いたり、風景を見ていることができたら、あなたにその技能があるといえるでしょう。

リラックスした状態で、しばらく静かにしている必要があります。リラクゼーションを説く本はたくさんありますし、実際、ほとんどの人は静かに落ち着いて座ることができます。もし、とくに助けが必要でしたら、市販されているリラクゼーションのテープを一本買うか、何本か買って試してみるのもよいでしょう。以下は、私がリラクゼーションしたいときや、自分の中心を定めるときに役立つヒントをまとめました。

リラックスと集中

楽な姿勢で座るか立つか、してください。そして二分ほど、まったく何もしないでいてください。除々に気持ちが落ち着いてきます。それでも落ち着かなかったら、もう少し待ちましょう。

用意ができたら自分の体を意識してください。あなたの胸とお腹は大きな洞窟のようです。その洞窟にあなたのすべての内臓が収まっています。内臓がそこにあることを喜んでください。内臓に声をかけてください。

それから意識をお腹の下に向けてください。お腹の底まで届くように数回、深い呼吸をしてください。大きくため息をつくようにしても結構です。

リラックスして自分の身体を楽にしてください。

自分の呼吸のリズムに注意を向けて、鼻から空気が出たり入ったりするのを感じてみてください。自分の身体、そして自分の足の下にある大地を、静かに意識します。ゆっくりと自分を解き放すようにしてください。

この訓練は何回も繰り返すうちに楽にできるようになります。

ある部族やシャーマンの伝統などでは、この静けさをリズミカルなドラムやダンスで導入します。ドラムの鼓動と身体の動きによって気持ちが落ち着くように誘導するのです。これはトランスのような状態だといわれていますが、意識ははっきりしています。このための音楽のテープも購入できます。

精霊と最初のつながりを持つ

どんなに簡単なことか、実際に行ってみましょう。もし、友人と練習できれば、あとでお互いの印象を比較できるので参考になると思います。

最初のつながり

まず、自分が会いたいデーヴァや気に入っている場所を選びます。これはあなたがどういう人であるか、そして何をするのが好きなのかによって違ってきます。

探求したいと思われる可能性のある事柄の短いリストを作ってみました。

家庭――家を守る精霊。

お気に入りの植物／プランターのそば――植物のデーヴァ。

教会／寺院など、祈りの場――祈りの天使。

特定の美しい景色の中――土地の天使。

公園や教会／寺院、自然の中で何かの存在を感じるところがありましたら、スタートするにはとても良い場所でしょう。

先ほど説明した方法か、ほかに良い方法があればそれで心を落ち着け、自分の中心を見つけてください。リラックスした受容の態度が鍵だということを思い出してください。

あまり真剣に、真面目になり過ぎないように注意し、ゆったりとして哲学的な見地で物事を見るという感じです。何も期待しないで、静かに待ってみましょう。

用意ができたら、意識を周囲に向け、空気を感じてみてください。何か感じたら、静かに注意を向けてみましょう。あなたの心は何かに抵抗したり、質問したりしたくなるかもしれません。すべて静かに受け入れてください。

そして声を出しても出さなくてもかまわないので、デーヴァが来てくれたことに気づいたことをデーヴァに伝えます。

「私は、今ここに来てくれているあなたを感じ、あなたに敬意を払います」

リラックスして、そのときの印象や感覚を意識してください。辛抱強く、どう感じるか、何が思い浮かぶかに注意を向けてみましょう。

初めて何らかの感覚を得た人たちもいると思います。何回か経験してみないと、本当に自分が何か感じたと納得できないかもしれません。何か本当の関係ができたと感じられるまで、何回か瞑想する必要があるかもしれません。

ある人たちにとっては、こういった内側に秘められた領域の経験は、はっきりとしたものです。しかし、ほかの人たちにとってはとても精妙なものです。

ほんの微妙な感覚や霊妙（エセリアル）な印象に気づき、その感覚を信用すること。このようなワークをすることに抵抗感があるようでしたら、いくつかのアファメーション（声を出して肯定すること）を行うとよいでしょう。自分がしたいことを妨害している低い次元の考え方のパターンを早く、しっかりと変えてくれます。

精霊のワークへのアファメーション

自分に合った方法で心を静かにしてみましょう。そして次のアファメーションの中の一つ、もしくはいくつか選んで言ってみてください。声を出しても出さなくても、どちらでも結構です。自分のアファメーションを創作するのも効果的です。

1　私はデーヴァや天使に対して感受性が敏感でオープンです。
2　私の心は私のデーヴァや天使に対する敏感な感受性を妨害しません。
3　宇宙は私が精霊と働くことを支援してくれます。
4　神は私を愛し、神は精霊たちを愛しています。神は私たちと精霊たちが共に働くことを喜びます。
5　私はデーヴァと働き、世界を変容させます。
6　世界は私たちが精霊たちと働くことを必要とします。
7　精霊たちと働くのは、私の歩む霊的な道の一部分です。
8　精霊たちへの気づきは私を成長させ、神や人のために尽くすことに役立ちます。

最初は、このようなアファメーションを本心から思い、心を込めて口にするのは難しいかもしれません。必要だと思うだけ何回でも定期的に、そして本当だと感じられるまで言ってみましょう。

精霊たちと関係を築き、波動を合わせたいと思うなら、時間をかける必要があります。特定の精霊たちとつながりを持ち、つながる場に行けることが人生における大きな喜びとなります。それは古くからの友人に会いに行くような感じです。

精霊のエネルギーフィールド

この章を終える前に、精霊たちや天使たちが焦点を合わせているさまざまなエネルギーフィールドについて考察します。もし、さらに進んだ学びを得たいのでしたら、この情報はあなたの感受性と知覚をより敏感にするのに役立つと思います。その必要がなければ第6章に進んでください。

人間は肉体的・感情的・精神的・霊的な存在です。そのときの気分で、どれか一つのレベルに焦点を合わせている場合もあります。焦点が食べ物やセックスなど、肉体レベルのときがあれば、何か哲学的な、あるいは宗教的な気分になり、焦点が主に精神的なものに合っているという日もあります。

デーヴァたちの中には、私たちのように同時に、異なったレベルに焦点を合わせるものたちもいますが、大体は仕事をする特定のエネルギーフィールドがあります。自然霊などが焦点を合わせているのは主に物理的な活力で、プラーナの次元です。これはすべての生きものに生命力を与えるエネルギーフィールドです。宗教儀式の天使ケルビムは、感情の領域に主に焦点を合わせているかもしれません。建築のインスピレーションを与えるミューズ（芸術の女神）は、思考のエネルギーフィールドに焦点を合わせているでしょう。同じように、ノーム（地の精霊）は地に焦点を合わせ、サラマンダー（火の精霊）は火、シルフ（空気の精霊）は空気、アンディーン（水の精霊）は水です。

したがって、誰かが私に精霊を体験したと言えば、私は必ず二つの質問をします。「それはどんな感じだったか」、そして「デーヴァの焦点はどのエネルギーフィールドに合っていたか」です。

精霊と働くとき、彼らについて正確な視野を持つために次のエクササイズをお勧めします。これはエネルギーフィールドの自然な階層制の原理に基づいています。

純粋な霊性（精霊）
直感
軽い思考
中間の思考
密度の濃い思考
軽い感情
中間の感情
密度の濃い感情
プラーナと活力の異なったレベル
空気
水
地

「地」はいちばん密度の濃いエネルギーフィールドです。次は「水」、それから「空気」です。そこから、プラーナやエーテルエネルギーの、ある純粋な活力の次元に入ります。多くの人は、木の周囲に空気がキラキラと光っているのが見えます。エーテルレベルを超えると感情の世界があり、心と思考のレベル、そしてそれを超えると魂や意図の世界と直感があります。上の表はエクササイズを行うためにアリス・ベイリーの本から図表を複写しました。

「次元を上昇するエクササイズ」によって、あなたの意識は次元を上昇して、それぞれの次元に馴染み、感じを捉えることができます。

次元の上昇

いつもの通り、自分に最も合った方法で、自分の中心を見つけてください。エクササイズは少し時間がかかるので、なるべく楽な姿勢で行いましょう。このエクササイズは瞑想に入るために良い方法です。

心が静まり、集中できたら、物質領域の「地」に注意を向けてください。意識を地に合わせ、どのように感じるか、感じてみてください。地に存在するさまざまな異なる精霊たちの存在に、自分の心を開いてみてください。印象とか、想念とかが浮かんだら、記憶にとどめておいてください。

次に「水」に焦点を合わせて、同じ手順を踏んでください。それができたら「空気」に移ってください。そして、空気にいちばん近いエネルギーフィールドにも。これが四番目になります。それから、そこを越えて上の次元へと移っていきます。

エネルギーの感情のフィールドに意識を開いてみてください。そのフィールドはどんな感じがするか、そしてその中に存在する精霊たちがどんな感じか。感情の次元を昇ってみてください。それからエネルギーの思考次元に意識を向けてください。それができたら、直感と純粋な霊性の領域です。ある時点まで行くと、もう十分だと感じます。完全にリラックスしてください。それからエクササイズをゆっくりと手放します。

このエクササイズを行ったあとは、気持ちのよい瞑想状態に入ります。好きなだけ、その状態にいてください。

エクササイズで過度な興奮状態になるようでしたら、中止してください。そして大地とつながったり、樹木に腕を回して抱いてみたり、周囲の自然によって気持ちを和らげてみてください。

6

波動を合わせて行動する

本章では、デーヴァ（訳注＝1）たちと協力関係を築くための一歩がいかに簡単であるか説明します。この関係ができると、さまざまな面でお互いのサポートと癒しを可能にしてくれます。

協力関係の構成要素

デーヴァとの関係は三つの要素である、活動者、活動、活動を司る精霊《スピリット》によって構成されています。次にその例をあげます。

活動者	活動	活動の精霊
芸術家	絵を描く	ミューズ（芸術の女神）
ヒーラー	ヒーリングを行う	癒しの天使
庭師	剪定する	妖精
事業家	事業を行う	マーキュリー（よきコミュニケーションの神）

まず、黙想によってこれから行おうとしている活動とその精霊に波動を合わせます。そのあと活動に入ります。なぜ、そうするのでしょうか。精霊やデーヴァたちは自らのエネルギーフィールドに、その活動が完璧に達成された姿、つまり青写真を持っています。活動しようとする人は自分の意識を開き、デーヴァを感知することによって、デーヴァの目覚めた意識に包まれ、つながることができます。同時に、これでデーヴァの持つ青写真に自分のフィールドがつながることになります。これによってあなたが行うことと、どうす

ればよいか、そしてインスピレーション、色彩、音が得られ、青写真の波動を再現できるのです。
以下の表は、活動者、活動、および活動の精霊のもう少し詳しいイメージです。

庭師がバラの木に波動を合わせる
バラの木のデーヴァ——バラの妖精
（内在する完璧なバラの青写真）
庭師の仕事の開始

ヒーラーが病人に波動を合わせる
癒しの天使——ラファエル
（内在する完璧なヒーリングの青写真）
ヒーラーの仕事の開始

事業家が仕事に波動を合わせる
ビジネスの天使——マーキュリー
（内在する完璧な事業の青写真）
事業家の仕事の開始

恋人たちが人間関係に波動を合わせる

恋人同士の関係を築く――キューピッド／エロス（愛の神）

（内在する完璧な恋人関係の青写真）

恋人同士の関係づくりの開始

人が自己成長に波動を合わせる

自己成長――守護天使

（内在する完璧な自己成長の青写真）

人の諸活動の開始

第2章で私は、南太平洋の島の人たちが大洋航海用のカヌーを建造する際、一つひとつの過程で儀式を行うという話をしました。彼らにとって歌と儀式は、精霊に波動を合わせ、立派な船を完成させるために必要な段取りなのです。

船大工が船に波動を合わせる

船の精霊

造船の開始

（内在する完璧な船の青写真）

造船を進めるなかで、船大工たちは協力してくれるほかの精霊たちと波動を合わせました。最初の段階では森や木の精霊に波動を合わせ、木材の選定を手伝ってもらいました。木材を削るときには、海の神ネプチューンや海の精霊と波動を合わせることで、水を切る滑らかな流線形に削れるよう、仕事の直感に磨きをかけてもらうのです。

精霊を招くということ

初めは精霊を招くという発想がとっつきにくい奇異なことのように感じられるかもしれません。しかし、実際にはそれは極めて容易で自然なことです。周囲の事物の内にある美しさや創造性を素直に感じ取れるように、自分を解き放せばよいだけのことなのです。美しい風景や流れる小川、踊る炎、音楽、芸術、人の微笑などに心を動かされたことのない人はいないでしょう。

それはわずかな想像力で十分です。第5章でデーヴァの存在に気づき、感知することがいかに容易であるか説明しました。次のステップでは、その印象を脳に伝達したとき、どのようにそれが受け止められ、解釈されるか見てみます。

今、あなたは意識的に自分のフィールドに精霊を招待しています。彼らはこの関係に何の抵抗もなく、水が板を流れるように来てくれます。私たちがどんなに気まぐれであっても、彼らの目標は私たちと調和した関係を築くことです。『The Deva Handbook』（デーヴァ・ハンドブック）の著者ナサニエル・アルトマンはこのように記しています。

「デーヴァたちが私と交信したくないというわけではありませんでした。彼らに対して私自身が自分を閉ざしていたのです。私は、自分が自然とは別の独立した存在であるという見方に縛られていただけです。動物以外の世界は〈物〉の世界であり、それが自分と密接なつながりを持っている生きた存在たちの世界であるとは思いもよりませんでした」

招待の波動

デーヴァたちを招くにはテレパシー的な波動を使います。彼らのことを考えるだけでその波動が生まれるのです。その思考の波動が彼らの注意を引き、彼らがあなたの方向に意識を向けて、調和的なつながりができるのです。彼らの反応は物理の基本的な法則に従ったものです。別の言い方をすれば、似たもの同士が引き合うのです。特定のデーヴァのことを考えると、それが電磁気的なシグナルをつくり、ホログラム的な波動の漣《さざなみ》が生まれます。それは宇宙全体と内側の世界で感じられるもので、時間や距離の制約がありません。この基本的原理は、すべての神秘家、オカルトやシャーマンの伝統において認知されているものです。

精霊を招待するためには、まず彼らについて何か知っていなければなりません。これは色つきのイメージや精密な知識である必要もありません。ほんの少し理解していればよいのです。そのうえで、彼らに来てほしいという意図がシンプルで明確で純粋ならば大丈夫です。

一般的な知識さえ持っていないので不安だ、と言う人たちもいます。

「何も知らないのに、そんな見えない相手について考えたり、呼び出してみたりするなんて無理ですよ。私なんか精霊と仕事をしたことがない、まるっきり素人なんですから」と言うでしょう。

二つの例を見ながらこの問題を考えてみましょう。たとえば、あなたが自分の家を守る天使を呼び出したいと思うとします。ちょっとだけ「間《ま》」をとって、その精霊はどんな感じなのか想像してみます。いちばん根本的なことは、**その精霊はあなたの家の中や周辺に流れるエネルギーや雰囲気として感じられるはずであり、その存在はあなたの家に祝福をもたらすはずだ**、ということです。これだけ分かっていれば、つながりを結ぶことができます。

精霊を招待するための準備

あなたが何らかの活動を始めるために、協力を頼みたいと思ったとします。まず何をするか、何をしたいか、しばらく考えてみてください。その事柄についてよく把握できるまで何回か繰り返し、考えてみましょう。その問題点やハードルとは何だろう。望んでいる結果とはどういうものだろうか。どのようなスタイル、方法、手順、材料を使うつもりなのか。それを行うのに特別な条件や環境が必要なのか、など。たとえば植木の剪定を初めて行うのに、そのためにはもちろん、やり方について何か文献を調べたり、経験のある人から実用的なアドバイスを得たりせずに行うというのは愚かなことです。このような準備をして取りかかろうとしていることに十分に意識を向けておく必要があります。

次に、その活動について一〇〇パーセント精通し、うまく協力してくれる精霊が存在するということを素直に受け入れられるよう、自分の心を解放します。デーヴァは必要とされるスタイルや方法についても、問題点や可能性を完璧に把握しています。デーヴァは、それをどうやったら完璧に遂行できるか、その感覚をつかんでいます。

そのような精霊たちが存在していて、いともたやすくスムーズに協力してくれるようになることを、喜んで受け入れてください。

精霊を招待し、感謝を捧げる

次の段階は、声に出しても出さなくてもよいのですが、来てもらえるように精霊を招待することです。この招待は、今までの瞑想の流れの中で行います。精霊と波動を合わせ、精霊のことを思ったとします。すると、この想念がすでに精霊を引き寄せるのです。

この招待は、あなたのエネルギーフィールドに真空の通路のようなものをつくり、精霊をより近くに引きつけます。これはあなたが精霊とつながるための、より直接的な働きかけです。招待の「呼びかけ」のあとは、続いてすぐ、感謝の気持ちでその存在を迎えることが大事です。

招待の基本

はっきりと簡潔に精霊への招待を自分の正直な言葉で表現してください。静かな心の状態のままでいましょう。何かを実際に感じても、またそうでなくても、精霊が一緒にいるということを受け入れてください。声を出して、あるいは心の中で、来てくれたことにお礼を言いましょう。

どんなことでも、感じたことや思ったこと、印象やイメージなどが浮かんでくれば、心にとめておいてください。最後にもう一度、お礼を言います。

以下は家の天使を招く場合の手順です。

家の天使を招く

いつもと同じようにリラックスして、自分に合ったいちばん良い方法で自分の中心を定めてください。心を落ち着けて自分の家について考えてみましょう。自分の家の中にあるおのおのの部屋や、一緒に住んでいる人たちをゆっくりと見回すようなイメージを思い浮かべてください。それから、あなたの家にいるかもしれない天使について瞑想してみましょう。その存在は私たちに幸いをもたらし、より調和的で創造的な癒しの生活に導いてくれています。

それから声を出すか心の中で、次のように述べてください。

「家の天使よ、私はあなたをお呼びします。家の天使よ、ここに来てくれていることに感謝します」

実際の言葉づかいは、どんなものでも結構なので自由に選んでください。言葉を使いたくないと感じたら、それでも結構です。その場合は、ロウソクを灯《とも》して精霊を招き、来てくれたことに感謝している自分を感じてください。精霊の存在を認め、感謝することが大事なのです。あなたとともにいることが確信できなくても、確信しているつもりになってみましょう。今は感じることができなくても、そのうちできるようになります。知性に振り回されて、次のように考えないでください。

「デーヴァがどういう存在なのか、本当はよく分かっていない」

「本当にここにいるのか分からない」

「なんか馬鹿馬鹿しいことをしているんじゃないだろうか」

頭で理解できなくてもよいのです。もっと遊び心や想像力を取り入れたり、詩的・情緒的な次元に目を向けたりしましょう。招待の呼びかけやその存在の確認は、すべてうまく事を運んでくれます。すでにデーヴァが自分と一緒であることを受け入れましょう。

何が起きているのか分からなくても、心配することはありません。このような体験を重ねるほど、精妙な世界を受け入れやすくなっていきます。「つながった」という感覚は、電話とかEメールのようなものとは違います。いずれ雰囲気の変化に気づくようになります。

以下に、精霊とつながる手順をまとめてみます。

＊ 波動合わせ――行おうとしている活動と、その活動の精霊に意識を向けます。
＊ 招待――協力してくれるよう精霊を招待します。
＊ 静かに瞑想――瞑想しながら、インスピレーション、イメージや印象を精霊から受け取ります。
＊ 活動――その印象やインスピレーションに基づいて活動を開始します。

精霊とのコミュニオン

「精霊たち、集合！　気をつけ！　早足、前進！」。これは風景の天使に庭仕事を手伝ってもらうための建設的な呼びかけとはいえません。このような高圧的な掛け声は、もちろん失礼ですし不愉快です。しかし、この場に適さない本当の理由は違います。

礼儀正しく、感謝の気持ちで精霊たちと交信する理由は、その方が彼らの波動に合わせやすいからです。

礼儀と感謝は雰囲気を変え、デーヴァたちと調和する波動が創造されます。私たちがデーヴァの波動に近いほど、つながりやすくなるのです。

わずか数分、静かにして黙想するだけでも、人間特有のとげとげしさが収まり、私たちはさらに調和的な美しいリズムに乗ることができます。私たちの生命の呼吸と脈が、余裕のある優雅なものになります。そのような雰囲気であれば、デーヴァたちを友好的な仲間として感じ取ることが可能です。あなたがどこに行こうと、何をしようと、彼らはあなたと一緒に行きます。

デーヴァを感じ取るのは、対象と自分の間に距離があるようなサッカーの観戦や劇場でのミュージカル鑑賞とは違います。あなたは実際、彼らと家族の関係になるとか、彼らのコミュニティーに加わるという感じなのです。精霊とともに働いている人たちが、自分たちは精霊と「コミュニケート」(交信)しているのではなく「コミューン」(心を通わせ合う／共感)すると言う理由が、そこにあります。この仕事の最大の喜びは、精霊たちの仲間や友達でいられ、彼らと心を通わせ合う関係が続くということです。人里離れて働いたり生活したりする人の多くや、とくに辺鄙《へんぴ》な田舎とか聖地に住む人たちは寂しくなるということがありません。精霊たちが仲間としてそばにいてくれるだけで十分なのです。

自分の素顔でつながる

静かな調和の中で簡単につながることができるというのも確かですが、そのときだけ精霊とつながる、というわけではありません。上辺《うわべ》だけでない真摯な雰囲気とか創造的な波に乗っているとき、美しいリズムや脈動で動いているときも、つながるには良いときです。日常生活の活動の中でも、そういう瞬間がたくさんあります。あなたも何かやっていて、本当にそれが楽しいと思うことがあるでしょう。自分の行動や物事に対する考え方に、とても満足できる感覚があったはずです。家の掃除をしているとき、外でランニングをしているとき、仕事をしているとき、愛の言葉を語っているとき、それはほとんどいつでも起こり得るでしょう。そのときの活動は何か異なった音色や質感を得て、美と調和が備わったように感じます。

何か活動の流れに乗り、同時に精霊の仲間の存在が感じられるというのは、最も素晴らしい経験の一つです。木や川のそばに座って、その友情を感じたことがありますか？　あなたが家の中で仕事をしていたり、家計簿をつけたり、散歩しているときに、目には見えないがとても友好的な「気」の気配が感じられたりするのを想像してみてください。

天使との不思議な関係は、ゆっくりとしたペースの、少し注意を要する活動の中で起きたり、忙しい無我夢中の活動の中で起きたりもします。とてもスピードの速い創造的な波に乗ることができたときの快感を、ほとんどの人は経験していると思います。これは、芸術家がミューズ（芸術の女神）からインスピレーションを受けたと解釈されてきたような場面です。

静かな内省の雰囲気を好む人にとって、忙しい無我夢中の瞬間に天使とつながるなど、無理に思えるかもしれません。しかし、ゴッホとかベートーベンが最も芸術性の高いミューズによってインスピレーションを受けたことを否定できる人はいないでしょう。精霊たちにインスピレーションを受け、彼らとつながっているのは静かな音楽だけに限りません。野性的な踊りとか、狂ったようなドラムの響きも同様です。宇宙のすべてがそうであるように、火山にも偉大な精霊が宿っています。人間の活動も火山のような場合があり、それによって健康を維持していることさえあります。

ここでのポイントは、精霊に関していろいろ決めつけないということです。彼らと協力し合えるのは、日常的な実践の一部としてで、自分の性格に合った個々の活動において、そのつながりが実現できるのです。

霊的に自分を縛るような自己管理や訓練は間違いです。しかし、時間をとって黙想することは必要です。最初の扉を開けるためには信頼が必要です。それ以外に、あなたの顔にあるシミやソバカスもすべてひっくるめて、ありのままの本当の自分でいることの自由さが必要です。あなたの性格が内気であろうと、社交的であろうと、ワイルドなダンサーであっても、おとなしいネズミのようでも一向に構わないのです。

精霊からの印象

どのように行動すべきかなどについて、精霊からのメッセージは基本的に二つの方法でやって来ます。一つは、瞑想中にはっきりした感覚としてつかめる場合です。もう一つは、瞑想のときには明確ではなく、瞑想後にはっきりとした直感で分かる場合です。

黙想中にはっきりとした印象を得るための鍵は、ゆったりとリラックスした気持ちで待つことです。ストレスが溜まっていたり、イライラしていると、自分の気持ちのざわめきしか感じられません。新しい見方に心を柔軟にし、さまざまな角度から自分の状況が見られるようにしておくことも、このプロセスの助けになります。

印象をはっきりさせる

自分に合った方法で自分の中心を見つけ、これから行いたい活動に波動を合わせます。自分独自の方法で精霊を呼び招き、来てくれたことに感謝をもって迎えてください。

その感覚が分かっても分からなくても、もう精霊はあなたのエネルギーフィールドにつながったとします。その精霊と協力していけること、仲間意識を感じることを素直に受け入れます。

しばらく静かに座り、気持ちをゆったりとさせながら、これから始めようとしている活動について考えたり、イメージを浮かべたりします（はっきりとしたイメージが出てこなくても心配する必要はありません。それは重要ではありません）。リラックスしたままで、自分がその活動をしている様子を想像します。どんな印象でしょうか。とくに目や額に力を入れないでください。期待をせず、新しい考えや気持ちを受け入れるオープンな気持ちでいてください。ゆったりとした気持ちで待ちます。

今からどのように仕事をするのか、明確な考えやイメージが湧かないかもしれません。しかし、その仕事の雰囲気とか、方法についての感覚的なものは、何か少しでも得られるはずです。たとえば、車の修理をするとか、部屋の掃除をしようと思っていたら、その仕事をするには口笛を吹きながら楽しくやるのが最もよいと思うかもしれません。そうでなければ、もっと集中して注意深く行った方がよいと感じられるかもしれません。

活動についての新しい可能性を切り開くような前向きな気持ちでいることも大切です。その可能性には新しい雰囲気とか態度が含まれるかもしれません。たとえば、その活動の本質を十分に理解するためには、気持ちをもっと和らげる必要があるかもしれませんし、もっと集中するとか、創造的になる必要があるかもしれません。古くなった固定観念を捨てて、新しい概念を受け入れられるよう自分をオープンにします。想像力を自由にしてあげるほど、インスピレーションの生まれる幅が広がります。

この黙想に十分な時間が与えられると、自分は何をすべきか完全なシナリオを得ることができるかもしれません。そしてもちろん、何をするべきか自信がつくまで何回もその波動を合わせることを繰り返し確認することもできます。

すぐに明確にならないかもしれませんが、活動について黙想や内省をする時間をしっかりとってこのエクササイズを何回か行うと、新しい考えや発想が訪れることは確かです。

第2章で紹介した北欧の事業家のスヴェンは一晩で変わったわけではありません。彼は毎日、朝早く工場に行き、天使を呼び、黙想をして頭に浮かぶ印象をノートに取り続けました。何をするべきか自信が持てるまで、しばらく時間がかかったのです。それから行動に移したのです。

印象の信頼度を確認する

自分の受け取った印象が信頼できるものかどうか、黙想しながら質問をして確認することができます。ただし、何をすべきか、ある程度はっきりとしたメッセージを受け取ってからです。早い段階からそれを行うと、このプロセス全体を邪魔してしまうことがあるので注意してください。

リラックスした状態の中で、真摯な態度でたとえば次のような質問をします。——自分が行おうとしていることは賢いことなのだろうか。誰かを傷つけることはないだろうか。今までの行いの改善策になるのだろうか。自分の成長過程に貢献する内容だろうか。周囲にどのような影響があるのだろうか。この状況に合ったものだろうか。進めてよいという、前向きの感覚が自分の中にあるだろうか。

この確認のプロセスに入ったとき、自分の性格がどんなものであるかを念頭に置いてください。自分に対して批判的になり過ぎる傾向や、慎重になり過ぎる傾向があるなら、これらの質問に対する答えも、そのような傾向を帯びてきます。逆に衝動的な性格だと、その傾向が反映されます。思ったような明確な答えが得られないで困る場合もあります。そのときは、人生はいつも学びの過程だということを思い出してください。

「青い光」を追って

黙想をしてもはっきりしたメッセージが得られず、大きな不信感を抱くかもしれません。でも、人間はデーヴァと無意識のうちに協働しているということを思い出してください。たとえば、芸術家や音楽家の多くは、自分たちの精霊のパートナーについて知らないでいます。コンサートなどは、アーチストと観客双方にインスピレーションを与える、音楽の天使たちで満ちています。ロックバンド、グレートフルデッドのメンバー、ジェリー・ガルシアは、自分たちの音楽が成功したのは自分たちが「青い光」を追い続けたからだ、と言っていました。それはガルシアたちのコンサートで音楽の素晴らしい精霊たちがバンドの天才的な能力を引き出していると私の友人の霊能力者が気づいたあとの話です。音楽のミューズは色彩と光の大きな雲状の姿をとりますが、それはポップコンサートでよく見られる会場のライトで映し出されることがあります。音楽の天使はネイティブアメリカンなどの集いやクラシックコンサートの場でも、霊能力者たちに見られています。この現象はシリル・スコットの著作『Music : Its Secret Influence』（音楽――その秘めた影響力）で述べられています。

もちろん、このように本人に知られていない透明のパートナーがいるのは、アーチストだけではありません。家主、事業家、ヒーラー、セラピスト、庭師、弁護士など、多種多様な人たちにおのおののデーヴァがついています。いちばん適した方法で、各自が成す仕事を手伝う精霊がついているのです。どんな職でも一般的にいえるのは、善良で優しい心を持った人や創造力に富んだ人、天才などは皆、手助けする精霊がついていることです。天使との接触があると分かるときは、仕事が流れるように運び、仕事が楽しいときです。

実際、何かを行うときに喜びや期待感があるというのは、精霊がそこに関わっているという良い徴候です。いずれにしても、あなたの姿勢や態度は、その仕事の担当のデーヴァを呼び込みます。逆に、時間もエネルギーもあるのに家の掃除をしたくないと思ったときは、家の天使につながっていないという意味です。

このように、デーヴァとの接触は大勢の人たちにとって無意識の領域でなされています。ですから、次に何をすべきかはっきりしてこない場合、分からないのは自分一人ではないということを理解してください。

実際、波動を合わせて精霊を呼んだあとで、はっきりした印象を受け取れないとしても、あなたはどちらにしても、その活動を行うつもりだったのです。ですから、活動を始めて、自分のベストを尽くしてください。「青い光」を追ってください。数分後にコンサートを開演するミュージシャンには、明確なメッセージが届くのを待つ時間はありません。観客もバンドもスケジュールがあります。同様に、キッチンを掃除する人もこなさなければならないスケジュールがあるでしょう。

自分のエネルギーフィールドに精霊がいる場合、私たちは直感で反応することが可能になります。ヨットで帆走しているときに、風と波の方向が変化したら、それに従って帆を調整して舵《かじ》の角度を変えます。その瞬間というのは、論理的に説明できないかもしれませんが、しっかりした意図のある創造的な行動です。子どもが初めて自転車に乗って角を曲がるときというのは、曲がり具合と速度によって微妙に結果が異なる創造力に富んだ行動です。「直角より右に十度曲がりなさい」というような指示は無駄なわけです。

精霊とともに何かをするときは、そういう感じなのです。それはある部分、直感的なものです。意識しすぎると行動が固くなります。もっとはっきりした形の、より確かなガイダンスを望むかもしれませんが、言葉による論理的なガイダンスという形では出てきません。そこにあるのは直感と可能性です。芸術のようなものです。活動が完璧に仕上がるように青写真をデーヴァが持っていますが、それは私たちの目の前に具体的にはっきりと示されないのか、とあなたはいぶかるかもしれません。そういうことではないのです。デーヴァの青写真というのは、可能性を完璧に実現させるための全般的な概念なのです。

一本の樹木が立派に成長するためには、細胞分裂や光合成、いくつかの基本的な仕組みは変えることはできないにしても、成長のプロセスには何万もの異なった可能性があります。同じように、クラシックヴァイオリンを弾く音楽家は、弦を弾いたり音符を読んだりする部分は変わりませんが、それ以外に、才能とかタイミングといった不確定の要素があります。

ですから、精霊との接触で何が出てくるか、柔軟でいましょう。何が起きるかを観察してください。レッスンを学び、次はさらにうまくやりましょう。受けた印象がちゃんと機能するか、役に立つものであるか、実践してみないとその価値は分かりません。

行動の必要性

自然霊《ネイチャースピリット》に理解のあるスコットランドの共同体、フィンドホーン・ファンデーションに来た新しい庭師の話があります。これは実践をしない人の好例なので紹介します。その庭師は芝刈りをしなくてはいけない時間に、よく寝転がっているのが目撃されていました。とうとう、何をしているのかと住民たちに問いただされたのですが、彼は芝生を刈るのは残酷だと答えました。彼は、芝の精霊たちと話をして、切られる運命に遭わないよう横に伸びるように、と提案していると答えたそうです。その結果、彼はほかの仕事に回されました。

とても慎重な人たちもいて、精霊たちと働く場合も、あまり慎重になり過ぎて何もできないことがあります。受けたメッセージが違っているのではないか、もしかして周囲に害を与えるのではないかと心配します。その結果、なかなか行動がとれないのです。

デーヴァは青写真を持っていますが、それを実現するのは人間です。素晴らしい絵画は、インスピレーションのミューズがフワフワ飛んでいるだけでは創造されません。ダ・ヴィンチがキャンバスに筆を乗せることによって名画が生まれたのです。

精霊の世界に波動を合わせるということは、人生にさらに幅広い、深い視野が持てるということです。あなたはより自由が得られ、より存在感を得られます。しかし、活動をしなくてはなりません。ヒーラーはエネルギーを動かす必要があります。儀式を行う人は道具を用い、話す必要があります。庭師は土を掘ったり、枝の剪定をしたりする必要があります。事業家はビジネスの戦略を立てなくてはなりません。芸術家は紙にペンを当てます。そして石にはノミ、キーボードには指が必要です。デーヴァたちと協働するという霊的なプロセスは、完全に左右のバランスの取れたものです。活動し、実践するというのは人間側の役割なのです。

7

精霊ともっと親密になるために

本章では、あなたが透明なパートナーたちともっと親しくなれるように手ほどきします。どのように親密になれるかは、もちろんその個人個人の状況にもよります。人によっては、ときどき精霊《スピリット》と波動を合わせることもあるでしょうし、あるいは常に天使界に意識を向けている場合もあるでしょう。

人間の環境

それに気づいているかいないかにかかわりなく、あなたの人生はデーヴァ（訳注＝1）たちと深く織り合わさっています。肉体のあらゆるところにもデーヴァ的生命が存在し、内臓などの器官の原子一個ずつにも、感情体や精神体にもデーヴァ的生命は存在します。

　人間がこの地球という惑星において、そのさまざまな環境を左右する存在であるということは精霊たちと密接に関わっています。私たちがこの物理的な世界に及ぼす作用は相当なものです。感情と想念のエネルギーフィールドに私たち人間は主な精力を注ぎ込み、影響力を発揮します。私たちの思考、想念、心理状態、気分は常に感情次元と精神次元に新しい波や形を生み出しています。

　あなたが何かを感じたり、考えたりするとき、どんなエネルギーが発せられるのか考えてみてください。あなたがある感情を発するとき、感情エネルギーが動いています。あなたが何かを考えているとき、あなたは想念のエネルギーを放射しています。この地球において六十数億の人間全員が皆、このようなことを毎日、行っているわけです。

　その営みを遠くから霊能力を使って観察していると想像してみてください。感情・精神フィールドは巨大に渦巻く、そして絶え間なく変化する荒波や爆発のように見えるでしょう。私たち一人ひとりが参加してこれをつくっているのです。そしてこの絶え間なく動くフィールドは、私たちおのおのに影響を及ぼします。私たちは私たちなりに水、風や炎のようでもあり、私たちは絶え間なく動いたり、感じたり、考えたりして変化しつづけています。

天使の領域をしっかり把握するためには、このような感情・想念の次元の現実を理解しておくことが重要です。次のエクササイズはそれに役立つでしょう。

想念の精霊

自分に最も合った方法で心を落ち着けましょう。しばらくそうして座り、その静寂を楽しんでください。

それから自分の意識を広げはじめ、自分の座っているところから、どんどん遠くに意識を拡大します。自分のまわりから地球のまわりまで、どれだけ大きな空間があるか感じてみましょう。

この空間が感覚的につかめたら、それが感情と想念で満ちているということを意識します。エネルギーの大きなフィールドについて黙想し、感情や想念の特徴のある雲が浮揚していることに気づいてください。

たとえば、特定の宗教に属する想念の形があります。映画スターや政治的な活動の想念の形もあります。意識をこれらの現実に持っていきます。

さらに、美しい想念が湧きあがることに注意を向けます。たとえば、自分は「自然は大好きだ」とか「誰かの成功を祈ろう」とかです。考え、感じることによってエネルギーの動きが創造されるのに気づいてください。

想念のエネルギーにはデーヴァの本質が含まれていることを自覚します。自分の想念が浮揚して、それと似たような想念と一緒になっていくのをイメージします。この想念の雲には一輪の花を見守る妖精がいるように、それを見守るデーヴァが宿っていることをイメージします。

いくつ想念の雲が浮揚しているか黙想してください。どれがあなたの注意を引くのでしょう。それらの想念にはそれぞれの精霊がいることにも意識します。

このエクササイズを行うと、いかにデーヴァたちにとって人類がエネルギー上必要か、理解できると思います。複雑なエコシステムを持つ美しい自然に対する破壊、それに対する悲しみや抗議運動について、あなた方はお馴染みだと思います。そういった地域は数え切れないほど多くの、進化途上の自然霊《ネイチャースピリット》たちの住処《すみか》やコミュニティーでした。

進化の場が人間の感情や想念のエネルギーフィールドである精霊たちも大勢います。環境保護の活動家たちの中には反対意見を唱える人もいるかもしれませんが、人類が滅亡すると困るものたちもいるはずです。この惑星地球では、人間も精霊たちの重要なコミュニティーの場を提供しているのです。

つながりのためのエネルギー

私たち人間は巨大な量のエネルギーを感情と想念に注ぎ込んでいます。私たちは、トラやクジラと同じように、ユニークな肉体を持った生きものであるだけでなく、精神的な存在としてもユニークです。私たちが一〇〇パーセントの意識を持って、精霊の世界に手を伸ばし、協力し、心からそれと一体になろうとするのはとても意味があり、重要な行為なのです。皆さんは鉱物や植物、そして動物としての名残りを含んでいます。今まで無意識でまったく気づきのない状態でいたあなたが、あるとき意識のスイッチを入れて天使たちとコンタクトを取ろうとすれば、それはあなただけでなく、天使たちにとっても非常に大きな出来事なのです。

自然のプロセスの中で天使たちは受け身であると以前述べました。私たち人間が行動を起こす間、デーヴァたちが青写真を持っているのです。しかし、人間対天使の関係において消極的なのは、実は私たちなのです。彼らはいつもそこにいて、私たちを意識し、私たちを助けようと地図を広げて待っているのです。ところが、私たちは一向に彼らに気づきません。私たちはこの関係にほとんど注意さえ向けないのです。人間の文化と社会の主流は、天使の存在を偽物だとか想像の産物だと否定さえしています。

ですから、私たちが実際に彼らに話しかけようとする試みというのは、二つの流れに大きな橋を架けようとしているようなものです。このことをしっかり意識して、そこから原動力を得てください。

もちろん、それが単なる空想ではないという認識がなくてはなりません。この認識のためにはある程度、活動エネルギーを使っていく必要があります。物理的な世界を避けて、想像の世界にいるのを好むロマンチストタイプの神秘家にとって、これはいつも問題でした。

地に足を着けて活動することが必要です。それは肉体的であっても、感情的・精神的な活動であっても構いません。受け身的な空想を巡らせているのと、実際にエネルギーを動かすのには大きな差があります。エネルギーが動くと本当の関係が始まり、二つの世界には本物のつながりができます。この橋渡しの仕事のおかげだと思うのですが、私たちのように天使とともに働く大勢の人は、向こう側から感謝の気持ちが伝わって来るのが分かります。

私たちが実際に行動を取るまで、精霊たちは私たちが本気で接触を図ろうとしていることが信じられないようです。私たちとの関係が本当だと知るためには、私たちがエネルギーを出して何かすることが、彼らには不可欠なのです。これをエクササイズの中で行ってみましょう。

エネルギーを動かす

自分なりの方法で心を落ち着けてください。

まず、何かつながりがあると感じるデーヴァに意識を持っていき、しばらくその精霊について黙想してください。このとき、これは単に空想であるかもしれないという疑いの意識も持ってください。

その次に、今度はこのデーヴァについて親愛のエネルギーを込めて思い浮かべてください。意識的にそのデーヴァに暖かい気持ちを送ってください。

さあ、受動的な黙想の状態に、再び戻ってみてください。

単なる黙想のときと積極的にエネルギーを注いだときの違いに気づいてください。

積極的なエネルギーを注ぎ込んだあとで、精霊との関係がどんな風に感じられたか、内省してみてください。

次は、先のエクササイズと似ていますが、愛を送る代わりにほかのことをします。

心を落ち着けてデーヴァを意識の中に入れてください。たとえば、「これを見ていてください」と心の中で言って、デーヴァの注意を引きます。それから意識を集中させ、メンタルエネルギーを用いて、黄金に光る星などをイメージしてください。この星はあなたのエネルギーで満ち溢れ、独立した存在としてそこに浮いています。

それから、精霊に次の言葉を言います。「見てください。私はあなたとのつながりの象徴としてこの星をつくりました。私はあなたが本当にそこにいることを知っています。これは空想ではありません。このつながりが自分にとって貴重なものと感じています」

リラックスしたまま、どのような印象にでもオープンになって黙想します。どのような反応を感じ取りましたか？　感謝の言葉を述べて、静かにこのエクササイズを終了します。

精霊を招待する方法

エネルギーを動かすために実際に何か行動するということは、精霊を招待するときに重要になります。第6章では、精霊とつながるためには心から招いていることを伝える必要があると述べました。しかし、家の天使を呼ぶにせよ、女神や自然霊を呼ぶにせよ、彼らを招き入れるための段取りがあります。世界中で多種多様な方法が使われています。

＊　明かりを灯《とも》す。
＊　供え物をする。
＊　象徴的なジェスチャー（動作）を行う。
＊　音を出す。
＊　招待の言葉を唱える、あるいはテレパシーを使う。

自分と自分が一緒に共同作業をしたい精霊たちにとってどの方法がいちばん適しているか、いろいろと試しながら見つけていきましょう。次のエクササイズはそれを明らかにするのに役立ちます。

招待の方法を見つける

心を落ち着け、気持ちが静まったところで精霊を招き、つながりたいという思いを持ちながら黙想します。

心の準備ができたら、招き入れるためにロウソクに火を灯している自分を想像してみます。どんな感じでしょうか。どんな印象を受けましたか？

準備ができたら、自分が供え物をしているのを想像してみましょう。どんな感じでしょうか。もし、供え物をするとしたら何がよいでしょうか。多くの文化の下では穀物などの食べ物を供えます。また、花や水晶やお金を供える文化もあります。

供え物を置くための空間をつくる必要を自分の中で感じているかどうか確認します。祭壇のようなものを作りたいと思うかもしれません。さまざまな可能性が考えられます。自由に選べるように祭壇の作り方や聖なる空間のつくり方を、少し研究するのもよいかもしれません。

準備ができたら、儀礼的な行動パターンや動作についても想像してみます。精霊とつながるのに適しているように感じられる特定のジェスチャーや体の姿勢もいろいろとあります。最もよく知られているのは、地面に跪《ひざまず》いて頭を下げる方法です。そのほかでは、天に何か訴えるかのように両手を上げたり、何かを受け取るかのように前に差し出す方法もあります。ほとんどの宗教的伝統では、手や杖を使って、空中に聖なるシンボルを描いたりもします。ヨガや太極拳のように聖なる所作や舞いを使う伝統もあります。

ある姿勢や動きを取り入れたいという直感的な気持ちが自分の中にあるかどうか確認してみましょう。自分が特定の型や身体の表現を使っているのをイメージできるかどうか。そのような方法でうまくいきそうか感じてください。

その次に、何か音を出すことを考えてみましょう。多くの文化の下では音を使って精霊とつながります。それは謡《うた》いであったり、いくつかの単音を長く出すことだったりします。ガラガラや太鼓を使ったりもします。聖なる祈りや聖歌かもしれません。深い響きを持つアボリジニーの楽器、ディジリドゥーやチベット寺院の管楽器の音でもよいでしょう。鈴や伝統的なシンバルもあります。

どの方法が自分に合うでしょうか。自分がどんな印象を受け取るか、気をつけて黙想します。

以上のことすべてを、長い一つのエクササイズとして行ってみてもよいですし、以下のように何回かに分けて行ってみても結構です。

すべての方法を試してみて、自分にとっていちばん適していると感じられるものがあるかどうか試してみましょう。

招待——明かりを灯す

静かな状態に自分を置き、自分が共に働きたいと思うデーヴァに意識を合わせます。デーヴァに敬意を表すために、意識を持って、実際にゆっくりとロウソクに火を灯します。自分なりの方法でデーヴァに敬意を表したくロウソクを灯しているということを伝え、招きましょう。リラックスして自分の受けた印象に注意を払ってください。

招待――供え物をする

供え物を用意します。あなたはすでに家に祭壇を持っているかもしれません。黙想を始め、気持ちが穏やかになったら、招待する精霊と波動を合わせ、自分の意識がその精霊とつながるようにします。そして独自の方法で挨拶をして、供え物をすることを伝えます。

静かに自分の中心を見つけ、そこに焦点を合わせます。そして実際に供え物を差し出します。もし野外にいるなら、自分の贈り物を前に置いたり、蒔いたりするのがよいかもしれません。ちょっと「間《ま》」をおき、精霊の反応を観察してみます。受けた印象について内省しましょう。

招待――身体の動き

静かな気持ちで、協力したい精霊について黙想してみましょう。準備ができたら、これならと感じられる動きとかジェスチャーを選んで実際に動いてみましょう。静かに、慎重に行います。精霊に、自分は敬意を表すためにこの動作をしていることを伝えます。それからリラックスして、どう感じるか黙想してみます。

招待――音

静かになり、精霊に注意を向けましょう。落ち着きを保ったまま、精霊に敬意を表すために、これから音を出すことを伝え、実際に音を出して頃合いをみて終了します。静かなまま、どう感じるか黙想します。

これらのエクササイズでいちばん大切なことは、その行動が招待の方法として納得がいくと感じられるかどうかです。自分にしっくり来るもの、信頼できるように感じられるものを採用してください。もし、どれがいいか迷う場合は、シンプルなものを選びます。

つながりの証明

デーヴァと本当に関係を持てたかどうかの証明は、その関係に影響を受けたと分かる行動を取るかどうかです。デーヴァとの関係が自分に何も作用しないとしたら意味がありません。しかし、インスピレーションが論理的な思考プロセスをとる必要もありませんし、その結果が深い知恵を表現する必要もありません。単純な動作であっても、楽しい遊びであってもよいのです。

たとえば、森とか自然の中を歩くと、多くの人びとは自然霊を体験します。人は何か光るものを見たり、不思議な音を聞いたり、何か不思議な雰囲気を感じたりします。一度、精霊とつながると、ただ歩いたり座ったりするだけでは物足りなくなるかもしれません。水に石を投げたり、木を抱きしめたくなったり、スキップしたり、回転したり、小躍りしたくなる場合もあります。しかし、自分の気持ちを素直に受け入れられず、子どものようで恥ずかしく思ったり、そういった行動に抵抗を感じる人が多いようです。しかし、ウキウキした気分になって、何か行動してもよいのです。そのような行動は自然霊との調和を目指した表現なので、そのつながりを深いものにしてくれます。

森で遊ぶ

自分のお気に入りの場所に行き、心を静めます。

土地の精霊たちに挨拶をし、自分のエネルギーフィールドを開放して、彼らと親しみを込めてつながってください。その場にふさわしいと思えたら、供え物をしたり、つながりたいという意志が伝わるような動作を実行します。

落ち着いた気持ちのままで、精霊たちを自分のエネルギーフィールドの中でどのように感じるか、気をつけて感じ取ります。逆に、精霊たちにとってあなたの存在がどう受け止められているか想像してみます。

想像力と遊び心をもって、精霊のエネルギーがどう感じられるか、解釈できるか、自由に印象をつかみましょう。

もし、動きたいという直感があれば、そのようにしてください。落ち着いて自分の中心を定めたら、行動してください。行動したあとで、また肉体を静止させた状態に戻し、今はどんな感じか味わってください。

終了したと思えたら、感謝の言葉を述べます。

土地のデーヴァのエネルギーに反応して踊ったり、グルグル回ったり、石を投げたりする動きは、ミューズ（芸術の女神）によって湧き起こる芸術的なインスピレーションによく似ています。もし、固く真面目になり過ぎると、インスピレーションを一〇〇パーセント受け入れることができません。生命エネルギーがあなたの中に新しい形をとって流れるようにする必要があります。

女神を呼ぶ

あなたにとって最も効果的な方法で心を静め、これから行う仕事について黙想してください。その仕事の結果や、それを実行するために必要な時間やエネルギーについても思ってください。

この創造的プロセス全体について熟知していて、効果的にサポートしてくれる存在がいるとイメージします。女神につながりたいという意思表示をして女神が現われてくれたら、感謝をもって迎え入れます。仕事をしている間、手伝ってほしい、そしてずっとそばに居てほしいということを伝えます。

それからしばらくの間、黙想します。特定なイメージや考えが浮かんできたり、新たな雰囲気と態度で働くべきだという印象を受け取るかもしれません。

波動を合わせるのを終えたら、実際に仕事を開始してください。

このようなエクササイズによって、自分らしくないような行動、自分にとっては難しく挑戦となるような行動を取るように勧められるかもしれません。感情のパターンを変えたり、先入観を取り除くように言われたりするかもしれません。

すべては単なる想像だ、などと思って新しいパターンに切り替えるチャンスを逃さないように気をつけてください。最終的にどう行動するか決定するのはあなたですが、自分を変えて新しいことに挑戦しようと最初に思ったのは、自分だったことを忘れないでください。

創造力を発揮するというのは、新しいことを新しい方法でつくり出すということです。それは急で劇的なものかもしれませんし、ゆっくりしていて長期的なものかもしれません。突然のキス、筆の一筆、コショウのひと振り、癒しの一言、一瞬の触れ合いなどがあれば、礼拝堂や町を建設するのに費やす時間と努力、自らの人生の形成、深く忠実な友情の育みなど、長期的な営みもあります。

小説家のマーガレットは締切日ギリギリという状況で、話の展開をどうするべきか行き詰まってしまい、一行も書けなくなりました。彼女は上記のエクササイズを試みてミューズを呼び出し、行き詰まりを打開してくれるように頼みました。彼女は心を静かにして、ミューズが現われてくれたことをイメージし、構想やストーリーをくれるイメージをはっきりと描きました。そして創造的な方向に導いてくれるようにお願いしました。

黙想の静けさの中で、彼女はミューズとつながりましたが、天使からは驚きと戸惑いを感じさせるメッセージが返ってきました。

天使は実際の文章に関しては全然触れず、定期的に深い呼吸をして、下腹の奥まで呼吸を入れるようにとアドバイスしたのです。マーガレットは、このアドバイスにちょっとがっかりしましたが、とにかく実行に移しました。

呼吸を忘れないようにタイマーをセットし、一時間おきに鳴るようにしました。マーガレットは下腹まで深い呼吸をすると、書きはじめました。今まで自分をブロックしていたものがなくなったような感じでした。それから、書いている間、タイマーは一時間ごとに鳴り、そのたびに彼女は深呼吸をしました。それ以降、詰まることなく書き進めることができたのです。

アドバイスは彼女が期待していたような類いのものではありませんでしたが、確かに彼女はそれによって救われたのです。

生命の四大元素

多くの宗教や先住民族の伝統文化は、四大元素《しだい》（エレメント）を認知しています。これらの元素は四つの方角を描いた円や、縦と横が同じ長さの十字架によって分けられた四分の一の領域によって描かれていることが多くあります。たくさんの歌や祈りにも、この真理が表現されています。一つの例として次の歌があります。

地は私の身体
水は私の血
空気は私の息
そして**火**は私の精霊！

そしてそれぞれの元素の対《つい》となる存在がエレメンタル（訳注＝3）たち、つまり精霊たちです。神秘主義の伝統のいくつかでは、これらのエレメンタルたちと波動を合わせることにポイントを置いています。あるイニシエーション（通過儀礼）では、候補者がこれらのエレメンタルたちに紹介されていないと、グループに参加できない場合があります。

次のそれぞれの元素とつながるエクササイズはいくつかの小道具を使いますが、大袈裟にならないように行ってみてください。

＊地（土）――土、あるいは塩か砂を器に入れます。水晶または石でもよいです。地（土）のエレメンタルと波動を合わせるとき、地を象徴するものを持ち、つながる助けとします。

＊水――水差しとコップ。流れる水の共振を得るために、水をコップに注いでください。

＊空気――扇子か羽根を持って、自分の前の空気を動かしてください。さもなければお香を使い、その煙を象徴として使います。

＊火――ロウソクかオイルランプに火を灯してください。

道具類を使うのを好まないようでしたら、それらの元素を思いながら静寂の中で波動を合わせてみてください。

それぞれの元素とつながる

まず道具を集めます。それから静かな場所を見つけて、しっくりとくるように物を配置します。もし、家族がいるようでしたら、二十分ほどの間、静かに一人にしてくれるように頼んでおきましょう。子どもたちは、このような作業が大好きですから、もし子どもが黙想中に来るようでしたら、リラックスした状態で愛情をもって接し、遊びにいくように指示してください。

準備ができたら、自分にいちばん適した方法で、自分の中の静けさを見出してください。心が落ち着き、身体がリラックスしているのを感じてください。そして、これから何をするか黙想してみてください。

これは自分の学びのために行っていること、自分の環境に波動を合わせることを、はっきりと認識してください。

準備ができたら、**地**を象徴するもの、つまり石、水晶、土、塩、砂のいずれかを手に取ってください。それがどんな風に感じられるか味わってください。地のエレメンタルに意識を向けます。愛情をもって挨拶し、近くに来てくれるように招待します。土を床に降り注ぎたくなるかもしれません。

これらのエレメンタルがどんな感じか、味わってみてください。その印象を意識してみてください。そしてお礼を言います。

準備ができたら始めてください。**水**を手に持って黙想してみてください。水のエレメンタルに意識を向け、水差しからコップにゆっくりと水を注ぎます。水のエレメンタルに愛情をもって挨拶し、近くに来てくれるように招待します。それから、水のエレメンタルがどんな感じか黙想を続けます。何か感じられるか、その印象を意識してみてください。そしてお礼を言います。

水のコップを下げて、扇子か羽根を手に持って黙想してください。**空気**のエレメンタルに意識を向けます。扇子か羽根を動かし、風をつくります。空気のエレメンタルに愛をもって挨拶し、近くに来てくれるように招待します。静かにして、空気のエレメンタルがどのようなものか、感じ取ります。自分は何を感じていたのか意識してください。そしてお礼を言います。

ロウソクかランプを持って黙想してください。**火**のエレメンタルに意識を向けて、火を灯します。愛を込めて火のエレメンタルたちに挨拶をし、近くに来てくれるように招待します。黙想しながら、火のエレメンタルたちがどんな感じか味わいます。印象はどんなだったか意識してみてください。そしてお礼を言います。

最後に、静かに座ったまま、呼び招いた四大元素を意識します。自分の周囲に円を描くことをイメージします。自分にとって居心地のよい四つの方向、あるいは東西南北におのおののエレメントがいると想像します（それぞれにどこに位置してほしいか、特定な位置を選びたいと思えば、それで構いません。それは文化によって違うかもしれません）。

それらがそこにいるという雰囲気を感じ取ります。交流を終える用意ができたと感じられれば、エレメンタルにお礼を述べ、そしてお引き取りを願い、エクササイズを終了します。

土地の精霊たち

自然の風景の中を旅すると、新しい精霊たちに出会います。彼らとつながりを持つのは旅慣れた人たちや巡礼者の基本的なマナーです。新しい場所に到着したら、その土地の精霊たちに何らかの供え物をするのは共通した風習です。穀物とか、ほかの食べ物やハーブを優雅に投げたり、蒔いたりする文化がたくさんあります。それは敬意を表し、精霊との関係を築くことを象徴する動作です。チベットのカイラス山のような聖地へ巡礼する場合、巡礼者は敬意の念を示すために十歩ごとに立ち止まり、大地に接吻します。

これは形式だけではありません。土地のデーヴァと関係を持つことによって、自分のエネルギーフィールドがその土地のエネルギーパターンを感じ取り、吸収することを許すための行為なのです。これは未知の土地では不可欠なことで、とくに悪天候に見舞われた場合がそうです。山が怒り、悪天候を起こして、望まぬ訪問者を追い帰したという話もあります。供え物などをして、その土地の精霊たちと良い関係をつくった人たちを好意的に迎えた話などもたくさんあります。多くの経験を積んだ先住民たちは、土地の精霊を無視するくらいなら引き返します。

カリフォルニア北部にあるシャスタ山は、山や山の精霊たちに対して畏敬の念を持たない登山者や、供え物をしない登山者を嫌うことで有名です。無礼な振る舞いをした人たちは、季節外れの強風、豪雨や吹雪に襲われて下山するはめになったり、ときには命を落としたりするケースもありました。イギリスでも、精神世界で活動をしている横柄な教師が、グラストンベリー・トール（聖地の丘）のてっぺんで世界を祝福する計画をして登ったことがありました。頂上に近づいたとたん大風が吹き荒れ、彼はバランスを失って転び、骨折してしまったのです。

自分の目的に合った精霊とつながり、ガイダンスを得て、直感的に導かれるのを自分に許すことは、新しい場所を探検するためには効果的な方法です。知らない土地で思わぬ仲間が得られたような、ありがたいことなのです。

贈り物をするという風習は古くからあり、噴水や井戸にコインを投げるのは水の精霊に挨拶する方法です。土地の精霊とつながる行為は幸運をもたらします。

新しい場所を訪れたとき

新しい場所に来たり、自分にとって特別に意味のあるところに来たら、そこに入る前に少し時間をとりましょう。心を落ち着かせ、意識をその場の精霊たちに向けます。もう一度、「間」をとってどのような印象を受け取るか注意してみます。

それから精霊たちに礼儀正しく、感謝をもって挨拶をします。彼らの土地にこれから入りたいということを伝え、許可をもらえるか確認します。彼らの存在を認めていることを示すために、供え物をします。落ち着いて誠実な気持ちで行います。

もう一度、少し時間をとってその場所で黙想し、何か考えが浮かんだり、何かが感じられたりしないか様子を見ます。そのまま帰るようにという、はっきりとした感じがなければ、出発して土地に足を踏み入れてもよいということです。最後にお礼を述べます。

妖精、小妖精、木の天使

これは家の中でも外でもできます。エクササイズに、すぐ入りましょう。

妖精、小妖精、木の天使を感じる

静かに座り、自分の中心を定めます。自分の体の中にある生命力や流れ動くエネルギーを意識してください。

徐々に意識を拡大していき、一枚の草の葉っぱも意識の中に入れてください。一枚の葉っぱは原子や分子、そして光り輝くデーヴァの本質で構成されています。その葉っぱ一枚にも、小さな草のエレメンタルがついています。エレメンタルに微笑んでください。挨拶してください。何が感じられるか、印象はどんなものか意識してみます。

視野を拡大して、その一枚の葉っぱを意識してみます。それは緑の生命の小さな海のようですし、デーヴァの生命力で踊っているようです。自分がどう感じるか、印象がどんなものか注意してみます。

小さな植物や花に意識を向けてください。妖精や小さな精霊たちに意識を向けます。挨拶し、彼らの存在に感謝します。静かにして、印象が入ってくるのを待ちましょう。

より大きな植物に対して同じ手順を辿ります。それから意識を木に移し、同様に行います。

この体験全体について黙想します。これらの絆をつくるためにどうしたらよいか印象を受け取ったでしょうか。供え物をするのでしょうか。植物と何か特別なことをするのでしょうか。そのような印象を受けたら、それを実行してください。

お礼を言い、エクササイズを終了します。

土地との調和

自分のまわりの風景や自然霊、土地の天使たちを意識することは、人生の質を向上させます。自分が住んでいたり、仕事をしている場所の詳細な地図を手に入れるように、私は友人たちやワークショップ参加者たちに勧めています。とくに、町が発展して建物などが密集している場所に住んでいる人たちは、まだ土地が開発されていなかった頃の地図を手に入れるべきです。

これらの地図を見ると、地形の輪郭など、実際の感覚がつかめます。昔の水源地とか、丘や坂があったところに目を向けてみましょう。そして、自分の土地にいるすべての精霊たちを意識してみましょう。

その土地の風景に手を加えたり、新しい建物を建てたり、庭を造ったりする場合には、それを実施する前に、その土地、植物、動物などの精霊につながり、彼らの意見を聞くのが最も良い方法です。たとえば、自然霊たちは美しく設《しつら》えた庭園の中でも、自然が残された場所を好みます。スロベニアの彫刻家であり、土地の精霊たちの研究者であるマルコ・ポガチニックによると、「野原がそのままの栄養素を保つためには、野生の垣根も残すべきです。これがないとノーム（地の精霊）や成長のエレメンタルは土地に根を下ろすことができません。作物は育ちますが、本当の精気は養われません」とのことです。

自然霊たちのニーズに対し、しっかりとした意識を持っている生態系農業や、人智学的なアプローチを持つ園芸の流派もあります。この意識改革の先駆者がフィンドホーン・ファンデーションでした。彼らの農業や園芸へのアプローチの基盤にあるのは、地球はそれ自身に生命が宿っているという理解です。さまざまな種類の精霊たち――牧神のパン、植物の精霊、ノーム、天候の精霊――すべてが彼らの仕事に関わっています。彼らは自然の全般的なサイクル、季節のリズム、月の位相などの重要性も理解し、農業計画を作成したりそれを実行に移すとき、これらすべてを念頭に置いています。いうまでもなく、それは有機農法で行われ、化学肥料はいっさい使いません。結果として、野菜はヘルシーで生命エネルギーに満ちています。花も素晴らしいものです。私はそのような場所にいると、大地が肯定的な意志をあらわして光り輝いているのが見えます。

土地の精霊との協力

このエクササイズはあなたが何かを建てようとしているか、庭や風景に変化を加える計画があるときのものです。まず最初に、庭のデザイン、家の建築や都市計画の全体像をチェックしてみるところから始めます。さまざまな異なった可能性があることを意識してください。

いつものように心を静め、今から始めようとしている仕事について意識を持っていきます。十分な時間をとって、どのような結果を期待しているのか思い描きます。

次に、対象となる場所の風景に意識を向けます。しばらく、その感覚を味わいます。地形を見ましょう。どのような土、岩石や粘土が下にあるでしょうか。植物や動物にも意識を向けます。

この地域の一部である精霊たちに意識を向けます。暖かい挨拶をして、彼らが来てくれたことに感謝します。しばらく、彼らを感覚的に捉えることに集中してください。彼らに何かの意思表示をするように導かれているでしょうか。もし、それがよいと思えたら、そのように意思表示してみます。彼らの生命を感じ取り、彼らの仲間になります。

今の環境やそこの住民としっくりと馴染むまで、このエクササイズを何回か行ってみましょう。つながりがしっかりできたと思えたら、以下に進んでください。

黙想をして波動を合わせましょう。つながりができたと思えたら、精霊たちに、彼らの空間であなたが建物を建てるとか、ガーデニングを行いたい旨を伝えましょう。彼らの迷惑になることを謝り、彼らのアドバイスに従うという意志を伝えてください。

静かに座り、どう感じるか、どのような印象を受けたか確認します。普通の状況では、彼らは喜んで協力してくれると感じられるはずです。ある特定の場所だと、特定の木のノームなどから抵抗を感じることもあります。気持ちのよい合意が得られるように行ってみてください。

このエクササイズを何回か行いましょう。受けた印象については真摯に受け止めてください。

もし、頑強に抵抗する精霊たちがいても、どうしても建物を建てたり、土地を利用する必要があるのであれば、次のようにして、さらに偉大な精霊を呼ぶ必要があります。

先に述べた方法を全部実行してから、抵抗する精霊たちを意識します。彼らに迷惑を及ぼすことを謝ってください。そして、土地の天使であり、癒しを施す牧神パンがそこに存在し、困った人を助けてくれるということを思いつつ、招待します。癒しの天使とつながり、ここに来てくれたことにお礼を述べます。抵抗する精霊がいて困っているということを、はっきりとこの天使に伝えます。天使に謝り、困っているあなたの仕事の精霊が前進できるようサポートを頼みます。困っている精霊はその場に磁気的に縛られていて、持っている青写真が完成されるまで解放されないのだということを理解してください。

さらに、天使がこの小さな精霊を助けていることを意識します。それから、感謝の意を表します。この状況について考えながら、何か感謝の気持ちを形にしたいと思うかもしれません。そう感じられたら、そのようにしてください。

もし、あなたが心の痛むようなひどい扱いをされた土地に遭遇したら、あなたはその土地を癒し、再生させるために何かできないかと思うかもしれません。

土地を癒す

傷ついた土地と苦しんでいるその精霊について静かに黙想してください。彼らに愛と同情をもって、意識を向けてください。人間を代表して謝罪してください。彼らにあなたの愛と悲しみを伝えてください。

そして前のように、土地の癒しの天使について黙想してください。その天使に波動を合わせ、招待し、ここに来てくれたことに感謝してください。環境を見守り、そして助けてくれるように頼みましょう。しばらく、その風景の中で精霊や天使たちとともに座ります。癒しをもたらすために何ができるか黙想してみます。イメージや考えが浮かんだら、謙虚に受け取りましょう。特定の場所に何かを植えるようにとか、その場所に何か芸術品を創るように、または歌をうたってほしいと言われるかもしれません。何か儀式を行ったり、定期的に黙想してほしい、またはヒーリングをしてほしいと言われるかもしれません。

何をすべきかはっきりするまで、このエクササイズを何回か繰り返す必要があるかもしれません。それが何かが分かったら、行動に移します。最後は謝罪と同時に、お礼を述べます。

8

癒しの次元

本章では、デーヴァ（訳注＝1）とのつながりを通してどのように自分や他人を癒すことができるか、それらの実践的な方法を見ていきます。目覚めた意識を持って癒しの天使や身体のエレメンタル（訳注＝3）たちと協力し合うと、とても効果的な癒しが得られます。

天使としてのあなたの魂

癒しの天使を呼ぶ前に、人間のいくつかの性質を理解することが大切です。この理解なしでは、癒しの天使の働きは分かりにくいでしょう。

私たちは日常生活を営む自分やそこに現われる個性以上の存在です。私たちの複雑に富んだ性格は、家庭や社会によって育まれてきましたが、私たちはそれ以外のものでもあります。私たちの奥深く、私たちのすべての部分に浸透しているものがあります。それは、私たちが心静かに座っているときに垣間見ることができる私たちの核の部分、つまり私たちの魂であり本質です。

自分の核である私たちの魂は、天使によく似ています。魂は、本当の私たちの青写真、私たちが完成された人間となるための特有のパターンを有しています。そのうえ、私たちが目指すべき完璧な人生の音色や色彩を保持しています。これこそが天使的ともいえる私たちの真の姿なのです。

魂と健康の関係

先に述べたことは病気と癒しに直接関係しています。なぜなら、真の健康というものは、魂の青写真と、日々自己実現している日常の私たちとの間にエネルギー的な調和があって生まれるものだからです。人間としての課題は、人生のさまざまな刺激や葛藤の中で、自分の魂の青写真をどう日常生活の中で表現していくかです。しかし、人間の心理的・社会的生活は複雑多様で、これが容易にできない状態になっています。私たちは皆、魂のパターンを無視するような行動をとっています。

このような状態は摩擦と苛立ちを起こし、いずれは病気として具現化されます。エネルギー体や心のどこかが滞るようになり、エネルギー、感情、思考が健康な形で流れなくなります。そして無力感が生じたり、免疫力が弱まったりするのです。

そうすると、あなたの組織の中の一部分が機能障害の状態に陥り、局部が収縮しはじめ、悪性の不安定な状態に変容していきます。これはあなたの組織のどの部分でも起こり得ることです。それは小さい細胞や神経系かもしれません。

病気は前向きにも、後ろ向きにも捉えることが可能です。何が起きているか分からず、自分が被害者だと思う人にとっては否定的な事態でしょう。しかし、病気が自分の人生を自分の魂にもっと調和させるようにという警告であると理解できれば、肯定的なものとして捉えられます。

たとえば、チャールズはもともと親切で思いやりがある頭の良い人間でした。そのような性格を生かして、人のために尽くすという魂を持った精神科医でした。ところが、医師として彼は優秀で洞察力がありましたが、家庭では何事にも余裕が持てずイライラすることが多く、社会生活においては自己中心的で攻撃的な面がありました。

この心理的な歪みが内的な葛藤を起こし、最終的には結腸のガンとして体現されてしまいました。手術後の長い回復期間で、彼は優しく、思いやりのある人間になりました。この時期、日常の彼は自分の魂の性質と調和していたために、ガンは広がりませんでした。しかし、肉体と生命力が回復するにしたがい、昔の自分に戻ってしまったのです。彼は自分の病気について憤り、自分を哀れに思い、再び攻撃的な態度になりました。するとまた、彼の魂と表現された自己との間に不調和が生じ、ガンが再発しはじめたのです。この状態は三回ほど繰り返されましたが、彼はこの経験から学ぶことができませんでした。本当の癒しが起きるためには、彼が自分の核である本質のパターンに自分を委ねる必要があったのです。

もう一つの例はルイスの場合です。彼女の内なるパターンはとても外交的でプラス思考を持った人間であり、リーダー的な役割を果たしていけるはずでした。彼女は同時に、とても繊細なヒーラーでした。しかし、彼女には精神的に不安定なところがあり、自分を完全に表現できず、自分を窮屈な枠にはめ込んで管理していました。そのため、自分の魂のパターンと日常の自分の間に摩擦が起こり、エネルギーの流れが徐々に詰まるようになってしまいました。彼女は生気を失いはじめ、よく疲労を感じるようになりました。同時に、メンタル体に流れるはずのエネルギーが頭のまわりに凝固するようになり、精神的な苦しみも経験するようになりました。この危機的な状況は四年間続きましたが、それを乗り越えて、彼女は自分がさらに大きな人間であることを理解し、受容しはじめました。健康的な癒しのプロセスが始まったのです。

グループカルマと事故

先に述べたような病は、自分の中にある摩擦から生まれたものです。しかし、ニューエイジのサークルの人びとが信じているように、すべての病がこのように説明できるわけではありません。すべての病気の責任が自分にあり、どの病気もその人が受けるべき学びであるというのは危険な解釈ですし、現実離れしたものです。

もし、子どもが転んで膝を擦りむいたとしても、心理的な摩擦のせいにする必要はありません。ここに見るのは、まだ幼い子が歩いたり、走ったりすることを学ぼうとする姿です。傷は洗ったり手当てされる必要があり、子どもは抱かれたり、面倒を見てもらう必要があります。大人も事故に遭うこともあるでしょう。小さな惑星で六十億もの人間たちが走り回っているのです。このような複雑な環境では、やはり事故は起きるものです。

大きな事件に巻き込まれる可能性もたくさんあります。伝染病、集団暴行、戦争などは、自分の意志に関係なく個人が巻き込まれる大事件です。肉体的あるいは精神的に弱い人は、このような状態のときに最も危険な立場に置かれます。

現代のガンの発症の多くは、エネルギー的な凝固ではなく、安易に使用されている膨大な量の化学肥料、食料の化学添加物、公害や放射能が原因です。身体の弱い者たちがいちばん先に犠牲者となります。さらに、世界中で飢餓によって子どもたちが死んでいます。子どもたちは多発する自然・人為災害の被害者です。すべてが心理的な原因で起きるものでないことは、常識があれば理解できるはずです。

「自分の現実は自分でつくり、何事も偶然には起きない」という発想が流布しているのであえて言いますが、その発想には確かに一部、真理は含まれていますが、普遍的な解釈ではありません。しかし、病気が個人的な不調和の結果であれ、あるいは単に不運の結果だったとしても、癒しの特効薬はいつも同じです。愛、助け合い、共感、そして体の組織に健康なエネルギーの流れを取り戻す能力です。

ホリスティックな療法

現代の西洋医学は、いわば機械的な治療を主張しています。頭痛には痛み止めを飲む。それはときには容易で適切ですが、この機械的な治療法は患者の内的な状態やホリスティック（全体的）なパターンを考慮していません。ホリスティックというのは、それぞれの個人史、生理学、家庭、情意、ものの見方や考え方、性格などの諸要素すべてを全体として丸ごと配慮していくアプローチです。ホリスティック療法には、繊細な波動合わせが含まれています。だからこそ、多くのヒーラー、セラピスト、代替医療関係者たちは、自分たちが気づかなくとも、癒しの天使たちとともに働いているのです。

癒しの天使とは？

ここでの話題は、人類と長いあいだ協力してきた経験豊かなデーヴァたちで、彼らは人間の成長と発達の基本的なパターンを周知しています。彼らは健康な肉体のパターンを理解していて、それが感情や精神的なパターンに密接に連動していることも分かっています。彼ら自身、人間のエネルギーフィールドの中で生まれた存在です。

癒しの天使は、人間の完璧な状態について目覚めた意識を持ち、私たち人間の魂も完全に把握しています。彼らは魂や人格の関係のあり方を把握していて、多くの病が人格のあり方と魂の意図された目的との間の摩擦から生じていることも理解しています。癒しの天使は病の二つの主な要素が分かっているわけです。

＊　肉体・エネルギー体・精神体に生じる実際の痛みと癒しの可能性。
＊　身体と魂の関係のあり方。

あなたには癒しの天使がついていますか？

病人に対しては、ヒーラーの思いやりや共感や愛情で十分ではないだろうか、なぜ癒しの精霊《スピリット》が必要なのだろうか、と思われるかもしれません。私の経験からいえば、優秀なヒーラーにはもともと癒しの天使がついています。優れたヒーラーに癒しの天使がつかないわけがありません。

デーヴァや天使といった発想を持つのを嫌っているにもかかわらず、癒しの天使がついている多くのセラピストや医師たちを私は知っています。彼らの仕事には明晰さ、繊細さと思いやりがあり、そこには癒しの天使のオーラや雰囲気が漂っています。社会の主流にいる精神科医たちの中には、どう治療し、どう終えるかに対する極めて鋭い直感を持っている人たちがいます。私のかかりつけの精神分析家もタフで、誰もが驚くほどの優れた頭脳の持ち主であり、無神論者でもありました。彼は同時に、深い思いやりをもって患者に共感できる医師であり、彼の診療室にはいつも暖かい輝きが感じられます。それは間違いなく天使的なものです。

癒しの天使たちは、私たちと協力する機会を積極的に探していて、それは訓練を受けたセラピストやヒーラーたちに限られていません。現代に生きる大勢の人がカウンセリングや健康に関心があり、私たちの多くは、人の話をきちんと聞く耳を持っています。ある意味では私たちは皆、ヒーラーです。そして私たちは皆、癒しの精霊たちと協力することができるのです。

ヒーラーやカウンセラーはほとんどの場合、特定のヒーリングのセッションがどのような効果を持つか、直感的に分かります。何かの問題に悩む友人を助けようとしているときも同じです。私たちは話を聞いたり、話しかけたり、ときには相手に触れたりして、少しでも良い方向に向かうようにと工夫するでしょう。友人のためには泣いたり、怒ったりする必要があると、はっきりと感覚的に伝わってくるかもしれません。良い結果を出すために、会話を一定の方向に導き、いろいろと異なった戦略を用いるかもしれません。ある意味でこれは天使的な行為です。私たちには癒しのパターンの感覚があるのです。私たちは癒しの青写真を感じていて、それとの懸け橋を実現するように働きかけているのです。それは状況に敏感でいて、どんな可能性があるのか意識できるということです。そして、ある可能性を実現するために、人それぞれ自分なりの工夫を試みるのです。

あなたがヒーリングを行うときには、あなた自身に癒しの天使が付き添っているか確認しましょう。自分の中に静けさを見出して、感覚をオープンにします。その場に独特な静寂、魔法や愛が感じられるでしょうか。自分自身のエネルギー体は何を感じていますか？　直感はどうでしょう。何か期待感がありますか？　ヒーリングするのを楽しみにしているでしょうか。

癒しの精霊に捧げる北米のネイティブアメリカンの美しい祈りがあります。

超自然の力よ、我れらに哀れみを感じ、我れらのこの友を助けてくれるよう願います
超自然の力よ、我れらに哀れみを感じ、我れらのこの友の病を取り去ってくれるよう祈ります
おお、超自然の力よ
この友の命を私が救うことができるよう哀れみをください
超自然の力よ

あなたを通し、我が友の病を治すことができますように
この友の病気を簡単に取り去ることができますように
命を与える素晴らしい存在よ、超自然の力よ
命を与える素晴らしい存在よ、超自然の力よ

癒しの天使とともに働く基本

癒しの天使たちとともに働くための手順は単純明快です。あなたのエネルギーフィールドが、助けを必要としている人間のオーラとつながります。あなたのフィールドは、相手のエネルギーのパターンやブロックされているところを感じ取ります。あなたは同時に、相手の魂やその魂が体現しようとしている青写真も感じることになります。

癒しの天使はこれらの要素に気づき、天使自身の進化の歴史や経験により、最も適切な癒しが起きるためにどのようにエネルギーを流し、波動させるべきか、その方法が分かっています。癒しの天使は、この癒しのプロセスのパターンを私たちに示します。

こうしてヒーラーであるあなたは、患者のパターンと天使の持つ青写真との両方につながります。状況に応じて静かに波動を合せることによって、あなたのオーラはこれらすべてのことを感じ取ります。

ほかの精霊たちと働くのと同じステップを踏んで、癒しの天使たちと働きます。つまり、波動を合わせて招き寄せ、それから行動開始です。精妙な印象に気づき、取るべき方向性や導きのヒントを逃さないように、落ち着いて冷静さを保ち、何事にも注意深くなる必要があります。このことは、とくに良いヒーラーやカウンセラー、そしてセラピストには欠かせない条件です。

もちろん、実際の行動はおのおのの方法で行います。セラピストは相手の話を聞き、直感に基づいた質問やコメントをして、会話の方向を決めていきます。接骨医などは患部に触れ、身体のエネルギーをどうやって動かし解放するか、感覚をつかみながら治療していきます。スピリチュアルヒーラーは、特定の質のエネルギーを必要な場所に送るようにして手当てしていきます。

新しい生理学

癒しの天使とどのように仕事をするかに関してエクササイズをする前に、人間の肉体について、とくに肉体やエネルギー体と織り合わさっているエレメンタルや精霊たちについて、もう少し理解を深めていきましょう。

西洋の医療関係者は、徐々に代替医療における生理学、とくに人間の身体エネルギーやエネルギーセンターについて明確な見解を持つ東洋医学や古代インドのアーユルベーダを参考にするようになってきています。ところが、どの身体にも存在するデーヴァの要素については、まだあまり認識されていません。人の肉体における生理的・エネルギー的な局部には、それがある数だけデーヴァがいます。

どの病気も、担当している精霊が掲げているビジョンの実現、つまり完璧なる自己の青写真の実現が妨害され、それが進展しないために起きています。たとえば腎臓のエレメンタルは、その理想的な状態を磁気的に表現することを妨害されているかもしれません。多くのアニミズム（精霊崇拝）やネイティブアメリカンなどの信仰では、生物も無生物も生命があるとされ、メディスンマン（祈祷師）は病んでいる臓器の精霊に直接話しかけます。癒しのデーヴァとともに働きたいと思うのであれば、医療従事者たちが生理学を勉強するのと同じように、身体のエメレンタルのあり方について学ぶ必要があります。特定の臓器や身体の局面、おのおのを独立した生きた存在として把握する必要があるのです。

肉体のエレメンタルを感知する

身体を楽にして自分に最も合った方法で、自分の中に静けさを見つけてください。

意識を自分の肉体に向け、臓器を意識します。優しい暖かいエネルギーが胃や肺に流れているのを感じてください。

準備ができたら、自分の身体の中で注意を引く部分があるかチェックし、あればそこに注意を向けてください。もしなければ、手の指の一本に焦点を合わせます。指先の肌に焦点を合わせ、自分が強力な顕微鏡になったつもりで、思いっきり接近します。最後には一つの原子に焦点を当てます。原子は踊っています。その場にたくさんの微粒子やその小宇宙が回転していて、そこにはエレメンタルが完璧なパターンを維持し、それを体現するための橋渡しの仕事をしています。その小さなデーヴァに挨拶します。その美しさと仕事ぶりをじっくりと眺めてください。

頃合いをみて、その原子から注意をそらし、体全体を構成している何百万個の原子を全体として意識します。自分の身体全体がこれらの光り輝く原子たちの組織であることを自覚します。この全体の組織には、その対《つい》となるデーヴァがいて、完璧な健康の青写真を維持しているのです。この存在は時に、身体のエレメンタルと呼ばれています。愛情をもって挨拶してください。その美しさと仕事ぶりをじっくりと鑑賞します。

さらに時間をとって、一つの臓器に意識を持っていきます。それは肺でも、骨髄、特定の骨、循環器、内分泌系、免疫系、どれでも構いません。焦点を当ててみてください。おのおのには対となる仲間がいて、生命の青写真があることを意識してください。愛情をもって挨拶します。その美しさや仕事ぶりもじっくりと感じてください。時間をかけて、このエクササイズを何回も繰り返し、自分の肉体や身体のいろいろな部分、そしてそれらのエレメンタルたちを、もっとよく知ることにしましょう。

人間の身体はもちろん、単なる霊体の乗り物だけではありません。活力またはプラーナ（生命エネルギー）は身体の周囲や中でも動いていますし、アーユルベーダ医学では、チャクラとして知られるエネルギーの渦もあります。七つの大きなチャクラが脊柱の基底部から頭の上まで、それぞれ特定の位置で働いています。それぞれのチャクラの中心は感情エネルギーや精神エネルギーの渦で形成されていて、肉体に錨《いかり》を下ろしています。

エネルギー体のエレメンタルを感知する

身体を楽にして自分に最も合った方法で、自分の中に静けさを見つけてください。意識を自分の肉体に向け、臓器を意識します。優しい暖かいエネルギーが胃や肺に流れているのを感じてください。

エネルギーが体の中を流れて循環しているのを、徐々に感じてみてください。それは肌の下を通り、深く骨髄まで流れ、あなたのより広いエネルギーフィールドに流れます。愛をもってこのエネルギーの流れに挨拶し、それと一緒にいる完璧なるパターンを持つ精霊を意識してください。

感謝の心でこの精霊に挨拶します。静かに座りながら、自分が今どんな感情、どんな感じなのか黙想します。

さて、今度は自分の感情のエネルギーに注意を向けてみてください。これも自分の中や周囲に流れています。さまざまな感情の特徴や気分の多様性に気づいてください。愛情をもって認識し、この完璧なるパターンを持っている精霊に意識を向けます。感謝を込めてこの精霊に挨拶をします。静かなまま、自分がどんな気持ちでいるか感じ取ります。

次は、自分の注意をメンタル体のエネルギーに向けてください。これも自分の中や周囲に流れています。さまざまな想念があることや態度の多様性に気づいてください。愛情をもって見回し、おのおの完璧なパターンを持つ精霊たちに意識を向けてください。感謝をもって挨拶してください。静かに座り、自分がどんな気持ちになっているか、何を考えているか内省します。

さらに、今度は下位から上位までのチャクラに意識を向けてください。脊柱の基底部、生殖器、太陽神経叢《そう》（下腹部）、ハート、のど、眉間、そして王冠（頭頂）のチャクラです。七つセットで完全な組織を成していること、それぞれがユニークであることに気づいてください。これらのチャクラが肉体的・感情的・精神的なエネルギーで構成されていることに気づいてください。愛をもって挨拶します。それぞれのチャクラには、それとともに働くエレメンタルがいること、チャクラ組織全体にも担当のエレメンタルがいることを意識します。

自分がどのように感じているか、そして最も焦点が合うところはどこかによって、好きな順にそれぞれのチャクラのエレメンタルに挨拶し、感謝の気持ちを示します。焦点を特定のチャクラに合わせるか、あるいはそれぞれに流れるように意識を持っていくようにしても結構です。

自分のエネルギー体やエレメンタルの存在に対して、もっと親密になり、高い意識を持つために、何回でもこのエクササイズを行ってください。一回のセッションでいろいろな局部に集中するのが無理であれば、とくに気になるところを一カ所だけ選んでも結構です。

フラワーエッセンスとホメオパシー

癒しの精霊とつながるいちばん良い方法は、フラワーエッセンスやホメオパシー（同種療法）です。歴史を通じて多くの文化圏で、多様な植物が癒しに効くいろいろなハーモニックス（倍音）を有していると認識されてきました。本書でも、植物のデーヴァの青写真には特定な波動とトーンがあることを紹介しました。ある植物は、とくに人の悲しみの感情に働きかけるのに適していたり、別の植物は人の判断力に働きかけたりします。その波動と青写真には特定の回転があり、その音楽的な働きによって悩みを除去し、より新しい流れと良い波動に変えていくことができるのです。肉体は植物の化学的な恩恵も受けますが、植物のデーヴァや青写真にも作用されます。フラワーエッセンスやホメオパシーの処方が効く理由はここにあります。

科学的な装置によっては発見できないほど、薬の成分が稀釈されているホメオパシーがどうして効くのか、多くの人たちは理解できません。ホメオパシーの処方薬は、まだ植物や鉱物の青写真を含有しているのです。ホメオパシーの処方薬のエネルギー構造には、デーヴァの本質が保持されています。フラワーエッセンスも同じです。ですから、これらの処方薬を飲むとき、私たちは植物の精霊の持つエネルギーの青写真を体内に取り入れているのです。そして、それがハーモニックスを通して、そのほかのエレメンタルや天使たちにつながっているので、私たちは健康的な肉体に関連するデーヴァたちの領域全体を自分の体内に持ち込んでいるのです。

このつながりはあなたのエネルギー体に新しい波動を起こし、それが病気の基本要素や患部のエレメンタルのハーモニックスに働きかけるのです。これが、植物の精霊たちが持つ癒しの波動の効果なのです。

癒しの天使とともに働く――関係を築く

以下のエクササイズによって癒しの天使たちとともに働く関係を築くことが可能です。

癒しの天使との関係を築く

癒しを必要とする友人やクライアントと会う前に、このエクササイズを行ってみてください。癒しの天使との協力関係を築くためには定期的に行うことが必要です。

自分に最も合った方法で、自分の中心を見つけてください。癒しの現場にいる自分を想像してみます。あなたは、あなたの癒しが必要なクライアントまたは友人と一緒にいます。暖かい、助けになるエネルギーをもって見守ってくれている天使がいると想像します。この天使はどのように癒しが起きるか完璧に理解しています。この天使のエネルギーがあなたの友人とあなたを包み込みます。自分たちがこの天使の光に完全に包まれているのを想像します。

次に、言葉を声に出すかテレパシーを使って癒しの天使に自分のところに来てくれるように頼みます。自分のフィールドに入ってくるのを感じ取ってください。来てくれたことに感謝の気持ちをもって接しましょう。癒しを行うときはあなたとともにいてくれることをお願いしてください。そしてお礼を言います。

静かにします。天使の存在を感じ取り、これからどのように関わってくれるのかを心に感じながら黙想をしてください。自分の心に何が浮かぶか、どのように感じるか気づくことができるように努めましょう。

このエクササイズを終える前に、このまま一緒にいるか帰るかは天使が望むようにということと、どちらにしても必要なときは一緒にいてくれるように頼みましょう。その後、エクササイズを静かに終了します。

ヒーリングの前に癒しの天使とつながる

ヒーリングを行おうとしている自分がいるとします。友人やクライアントとのセッションを始める前に、少し静かな時間をとってください。それを何か気恥ずかしく感じるようでしたら、相手にこう言ってください。「今のこの状況を少し考える時間を頂いていいでしょうか。焦点をしっかりと合わせたいと思います」

そして自分の中心を見つけてください。

自分のエネルギーが広がり、クライアントのエネルギー体とつながり、それを自分のエネルギー体の中に取り入れていることに気づいてください。自分とクライアント両方を癒しの天使のオーラが包み込んでいるのを心に描きます。

この天使に一緒にいてくれるように呼びかけ、そして一緒にいてくれることに感謝します。

もうしばらく静かにして、自分の中に天使とのつながりを完全に浸透させます。天使のオーラが自分の中に入ってくるのをそのまま見守ります。どのようなイメージ、直感や想念が現われるか見てください。今から行う癒しのセッションが必然的に健全な結果に向かうことを確信しましょう。

そして準備ができたら直感を使って自分のセラピーに入ってください。何が起きているか分からず、次にどうするか確信が持てないなら、静けさの中に戻り、自分の中心を見つけます。見守る天使と再びつながり、そしてまた始めるのです。

セッションを終えたら感謝を伝えましょう。

次のエクササイズでは、私たちの健康全般を維持するための青写真を持つ精霊を探すことを目的にしています。自分が納得いくまで何回も行ってみると、時を経るにしたがい、精霊たちも変わっていくことを発見するでしょう。

精霊を外部から招く

自分に最も合った方法で、自分の中に静けさを見つけます。愛をもって自分の身体を意識します。身体のあらゆる部分と、そのエレメンタルたちに挨拶してください。踊るような生命力に意識を向けてください。

自分の意識を自然と宇宙に開いてください。野原や丘、山などに意識をそっと解放します。森や海にも意識を向けてください。天にも意識を開いてください。

自然も宇宙も生命と精霊で満ち溢れているという意識を持って黙想します。その豊かさと美しさに感謝します。

リラックスしたまま、どこに注意が引かれるか感じてください。自分の注意が引かれる特別な植物、動物、星か惑星はあるでしょうか。もしあれば、しばらくの間、焦点をそこに合わせてください。愛情をもって挨拶をし、仲間の精霊がいることに気づいてください。精霊とつながり、その存在を確認します。この精霊に、あなたのエネルギーフィールドに入るように頼んでください。自分の体の中に入ることを許し、その作用を感じてください。この新しい関係が新しい癒しと、より健康的な要素をもたらしてくれることを想像します。

リラックスしたまま、お礼を述べ、エクササイズを終了します。

その後、このエクササイズでどのようなものにつながったか探求したいと思われるかもしれません。それが植物、動物、天体などであれば、それに関する文献を読んだり、写真やイラストがあれば、それを貼っておくのもよいでしょう。これは関係を持続させるために役立ちます。

身体のエレメンタルの協力を得る

今までのエクササイズと同じようにして、癒しの天使を招き入れます。癒しの天使の光り輝く存在が感じられたら、自分が働きかけたい臓器や患部に意識を当てていきます（脊柱というような漠然としたものでも、特定の椎間板のような細部でも、感情体全体でも結構です）。身体のどの部分にもエレメンタルのパートナーがいることを理解してください。

愛情をもって自分が働きかけたい部分のエレメンタルに挨拶し、その存在に感謝します。テレパシーを使い、その状況に共感していることを伝えます。エレメンタルは完璧なパターンを持っていますが、エネルギーフィールドの摩擦や目詰まりがその目標を達成することを邪魔しています。健康な流れを取り戻すために何が必要か質問してください。

黙想して、印象を感じ取れるか様子を見てください。何か思い浮かんだり、直感できるように開放的な姿勢でいます。少なくとも、愛と暖かみのある心、そして健康なエネルギーの流れを必要としていることは分かると思います。

印象が明確になってきたら、それに応じて適切な行動をとってください。また、何をすべきかはっきりしない場合は、再度、心を平静にしてエレメンタルに波動を合わせてください。

完了したと感じたら、セッションを終了してお礼を述べます。

患部のエレメンタル

病気の患部にもデーヴァの本質があります。肉体やエネルギー体でも、病気の場合はその病のエレメンタルが存在します。病のエレメンタルは自分に適した場所にいると、ほかに危害を与えることはありません。しかし、病んでいる患部に放置しておくわけにはいきません。

これらのエレメンタルたちと直接に話し合い、変容してもらうか、または去るように要請することができます。ネイティブアメリカンのメディスンマンなどは、踊ったり歌ったり、ガラガラを振ったり、ハーブを口に含んで患部に吹きかけたり、火を使うなどして、エレメンタルたちを動かしたりしますが、私たちには次のエクササイズの方が入っていきやすいでしょう。

病のエレメンタルと交信する

きちんとしたヒーリングの状況で行ってください。

まず、癒しのエネルギーを招待し、つながります。自分の中心がしっかり定まり、癒しの天使とつながったら、このエクササイズを始めてください。

実際に病気と同居しているエレメンタルたちに波動を合わせてください。これは肉体にいるエレメンタルか、プラーナ、感情体、あるいは精神体に属する、より精妙なエネルギーのエレメンタルかもしれません。

これらのエレメンタルとつながることによって、この経験があなたにとって居心地が悪かったり、不愉快に感じられたりするかもしれません。これは自分のエネルギーフィールドが実際に病のエレメンタルの波動や響きを感じているからです。もし不安に感じるようでしたら、このエクササイズをやめてください。

不安だと感じていても、このような癒しの仕事をしたいと思うのでしたら、時間をかけて徐々に行ってください。最初の一回は、病のエレメンタルとのつながりを数秒の間だけにし、少しずつ自信が出て大丈夫だと思えてきたら、時間を延長していくのです。

病のエレメンタルたちと波動を合わせることができたら愛をもって接し、そこに来てくれていることに感謝してください。それから、彼らがどのように変容したり、去っていったりできるのか想像してください。変容していく姿、去っていく場面などをイメージして黙想します。どうしたら自分がその作用をもたらす手伝いをできるか、感性と直感を働かせてください。少なくとも、あなたの愛情ある意識が、彼らの執着を解きほぐす手伝いをするはずです。

このような癒しにおいては、実際にさまざまな行動が可能ですが、いくつかの方法は創造的であり、かつ攻撃的かもしれません。浄化用のお香を焚いたり、強力な波動を出したり、集中的な祈りなどが思いつくかもしれません。

この癒しの作業は精妙なものです。自分たちを見守る癒しの天使の存在がはっきりと感じられ、自分の取る行動が賢明で建設的であるのか内省してみます。自分でしっかりと納得できると感じられたら、癒しに取りかかってください。

セッションを終える前に、癒しの天使のエネルギーの中に入ります。それから、浄化のエネルギーが自分の中と周囲を元気に流れていることを感じてください。

サポートしてくれた精霊たちすべてにお礼を述べて、静かにセッションを終了します。

『Brotherhood of Angels and Men』（天使と人間の同胞団）の中で、著者ジェフリー・ホドソンが、とても役に立つ「呼びかけの祈り」を紹介しています。

癒しの術《すべ》を持つデーヴァたちよ
我れらを助けに来てくれたまえ
ここに癒しの生命力を流したまえ
すべての細胞が新たな生命力に満たされるよう
すべての神経に和がもたらされるよう
拷問のような痛みが治まり

生命の波が
手足やすべてを光り輝かせてくれるよう
汝の癒しの力により、魂と身体、双方が蘇《よみがえ》る
天使を番人として、ここに置いていけないだろうか
健康が戻るか、生命が去る日まで
我れらを慰め、守るため
すべての病を追い払うまで
力が戻るのを早めるか
生命が終わり、平和に導かれるまで
癒しのデーヴァたちよ
我れわれを助けに来てくれたまえ
そして、この地上の労働を共にし
すべてのものの精霊の解放を目指して

宇宙とのつながり

一般的に、どの癒しの力学も同じです。表現しようとする自己と内在する青写真とを調和させることです。同時に、癒しのプロセスにはもっとマクロな環境的な側面もあります。私たちと私たちの身体は、隔離されたものではありません。私たちはもっと広い宇宙の一部なのです。そして宇宙とのつながりは、癒しのハー

モニックス、完璧な健康のレシピを提供します。言い換えると、宇宙からの分離が病の大きな原因となるのです。

失敗や不幸が、私たちの宇宙的な青写真であるわけがありません。私たちの青写真は逆に、愛、希望、創造力に満ちています。人びとがより広い次元とつながるとき、例外なくすべてが素晴らしいのだと分かり、それを実感し、経験することになります。このつながりを感じることが健康になるための基本です。

精霊たちはいつも、この宇宙的なつながりの中に生きています。人間の活動と密接につながっていても、彼らは同時に、より広い流れにもつながっているのです。したがって、私たちが精霊の世界とつながるということは、私たちは同時に、デーヴァたちが宇宙の生命を経験することにも自分を開いているのです。天使たちとつながることによって私たちは、より偉大な、より透明な、より深い愛情の次元への扉を開いたことになります。ですから、単に精霊がいることに気づくだけでも癒しは起きるといえます。

森羅万象とつながるための天使

自分に最も合った方法で自分を楽にし、自分の中の静けさを見つけてください。

森羅万象の美しさについて黙想することから始めます。自分が愛するすべての場所、植物や生きものを心に思ってください。自分の知っている素晴らしい人びとを思い浮かべてください。星や天を思い浮かべ、自然がいかに美しいものであるか黙想してください。

あなたがリラックスしたり、内的な世界とつながることができると知っている美しい精霊がいることに気づいてください。森羅万象とあなたをつなげる天使です。そのような天使がいることを黙想する時間をとってください。

準備ができたら、その天使を招待し、お礼を言ってください。天使がいつもあなたと一緒にいてくれるように頼みます。あなたとすべての生命、神、精霊とのつながりが強くなるように助けてほしいと頼みます。

もうしばらく静かにして、自分がどのように感じ、どのような印象を受けているかに気づいてください。

精霊たちの癒しのサポート

意識を持ってデーヴァとつながるということは自分の身体のエレメンタルの磁気力を強め、健康の青写真を強化するので、全般的に自己ヒーリングを促進させます。この最も簡単で効果的な方法は、自分が本当に愛する人びと、場所や活動に関連している精霊たちとつながりを持つことです。この方法ならば、創造的で協力的な波動を確実にもたらすことができます。

サポートの精霊との交信

エクササイズを始める前に、あなたが愛していて、元気やインスピレーションをくれる人びと、場所や活動を思い浮かべてみてください。もしできれば、それらに物理的に近いところでこのエクササイズを行います。

自分に合った方法で静けさを見つけてください。心が落ち着いたら、自分の身体に注意を向けてください。身体のいろいろな場所やそのエネルギー系に愛をもって挨拶し、おのおののエレメンタルたちにも挨拶します。

特定の病気があるなら、その病気の患部に愛をもって挨拶します。自分の意識をその病の思い出へも向け、その部分とつながってください。愛を込めて挨拶してください。

その体の部分の精霊について黙想してください。その精霊と波動を合わせます。あなたとつながるように精霊を招待してください。

この精霊と身体のエレメンタルたちとの間に居心地のよい、調和的なエネルギーが流れているのを想像します。あなたの身体のエレメンタルたちが、この関係によって元気づけられているのを想像してください。

黙想して、身体中に良い気が流れているのを感じてみてください。とくに病気があるところです。これはあなたを癒します。

あなたの身体の、魔法のように光り輝くエネルギー、そしてそのエレメンタルたちを体験してください。病んでいる患部が、満ち溢れんばかりの新しい健康のエネルギーに開かれていくのを感じてください。

あなたが招待したデーヴァに、パートナーでいてくれたこと、サポートをしてくれたことに感謝の言葉を述べます。そして、身体のエレメンタルのサポートを続けてくれるようにお願いします。

ゆっくりとこのエクササイズを終了します。

ここには重要なポイントがあります。精霊たちとつながるときに必要な心の平静は、私たちの癒しのプロセスを促す平静さであり、リラクゼーションの状態だということです。

自分の活動に波動を合わせて何かを行う人間と、そういう意識をまったく持たない人間との間には、大きな差があるということも考えてください。あなたは自分の人生の精霊たちと全体的に波動が合った生活や仕事をしているでしょうか。それとも、そのつながりを意識できないでいますか？　そうであれば、次のエクササイズが役立つはずです。

活動の精霊と波動が合っていますか？

自分に最も合った方法で、自分の中に静けさを見つけてください。

中心が定まったと感じられたら、自分の主な活動について振り返りましょう。あなたの家族、人間関係、仕事、趣味、レジャーなど、すべての主な日常生活が対象となります。

まず、仕事を選んでみます。落ち着いた気持ちのまま、愛をもって自分を見つめて、その活動の精霊とつながっているか自分に聞いてみます。この仕事は、あなたが本当にやりたいと思っているような性質のものでしょうか。その活動のスタイル、雰囲気や感覚を見てください。

反応がどんなものであっても、自分を責める必要はありません。

もし、自分がものぐさでも、せっかちであっても、物事に影響されやすいタイプであっても、そのような自分のあり方に気づくだけでよいのです。あとは達観して、笑顔でいればよいのです。

それから、もしその活動の精霊に波動が合っていたらどうなるか、考えてみてください。その精霊に来てもらえるように招待し、波動を合わせたら、活動はどのようなものになるでしょう。

静かに、これらの質問の答えを思ってみます。どのようなイメージでも、すべてのイメージが表面に出てくるように、オープンな気持ちになってください。十分に黙想して終了します。

もうすでに、本書のいろいろなエクササイズで、いつでも望めばその場にふさわしい精霊を呼び出して協力しながら仕事ができることを、あなたは分かっています。

この仕事の手ごたえを思うことだけでも、関連しているデーヴァと関係を開いていくことになるので、とても健康的です。質問をしたり、活動のデーヴァと波動を合わせていけることを覚えていることによって、その活動に新たな経験を持ち込むことができるのです。

癒しを必要とするデーヴァたち

私は基本的には、ネガティブな精霊とか邪悪な精霊などはいないという見方をとっています。しかし、人間の行動からネガティブな波動やパターンを吸収してしまったデーヴァたちはいます。

もし、妄想を持った人、またはノイローゼとか自己中心的な人が、自分の動物的なエネルギーを使ってデーヴァを呼び出し、協力するように親密な関係をつくったとします。エルフとしても知られている小妖精とか儀式天使のケルビムなどの小さなデーヴァがこのような状況に置かれると、ほかのデーヴァたちや宇宙の良質のマトリックス（基盤）との自然で開放的なつながりを喪失してしまいます。デーヴァにとって、その人間の人格が神となってしまい、この人物のパターンを吸収しはじめます。

たとえば、儀式をする人が極度に自己中心的であったり、残酷な人、あるいは性的な変質者であるとします。最初に、小さな癒しの精霊かケルビムがふだんと同じようにやって来ますが、この人物の執着がエネルギーフィールドをつくり、入ってきたデーヴァの自由を奪っていきます。離れることのできなくなった精霊は、その青写真の中に、毒された態度や行動の雰囲気が刷り込まれて吸収されていきます。こうして、儀式を行う人が性的な欲望やサディスティックな欲求を満たすために儀式を利用するかもしれません。精霊はそのパターンを吸収します。

その精霊が解放されても、その刷り込まれたものは残ります。この精霊に近づく人は誰でも、その刷り込みを感じます。意志の弱い人間が、この毒されたデーヴァにつながると影響を受けたり、少なくとも、そのデーヴァの波動から恐怖感を抱く場合があります。

何年も前のことですが、私は、ロンドンの中心にあるアパートの地下に住んでいる人から、不愉快な現象を体験しているので助けてほしいという連絡を受けました。その男性によると、ときどき部屋の雰囲気が突如として薄気味悪い、怖いものに変わり、肩や背中が電気ショックを受けているようになるというのです。暗闇の中に光がチラチラと見えたり、流れ出した血が溜まっている幻覚が起こり、それが耐え難いものになり、鏡や壁に説明不可能な跡が現われたりもしたそうです。

私がそこを訪れてみると、確かに雰囲気はひどいものでした。実は、有名なオカルト術師アレスター・クローリーが儀式に用いていた道具などが、そのアパートにしまわれていたのです。彼のマントと儀式用の剣があり、儀式の体験を通して人間の悪行の波動を吸収した儀式の精霊たちがまだ住んでいたのです。私はフラットを浄化し、浄化のための長時間の瞑想を行いました。私は自分の意識を使ってアパート全体を包み、不幸な精霊たちを徐々に自分の下に呼び寄せました。彼らと一緒に自分のオーラの中に長いこと座り、彼らが吸収した人間のネガティブなエネルギーを取り去る作業をしました。そして癒しの天使に、彼らが回復できるところに連れて行ってくれるように頼みました。

その後、アパートでの不快な現象は消えました。マントと剣がどうなったかは聞いていません。大切な点は、ネガティブな刷り込みは必ず人間の行動からもたらされるものなので、逆に人間によって浄化することができ、デーヴァたちを助けることができるということです。このように、ダメージを受けた精霊を癒す方法は難しくはありませんが、とても気分の悪いもので、このような浄化の仕事をする人はあまりいません。方法は次に述べますが、自信がない場合は絶対、試さないでください。

ダメージを受けた精霊を癒す

いつもの通り、自分に合った方法で、自分の中心を見つけてください。

自分の中心を完全に定めて、この宇宙や世界の善意と愛にしっかりとつながっていてください。

ダメージを受けた精霊の浄化と回復に関わるエネルギーを完全に理解している癒しの天使をイメージしてください。この精霊を呼び、来てくれたことに感謝してください。さらに、あなたが知っていて、サポートしてくれる精霊たちも皆、呼び寄せてください。

ゆっくりと自分のエネルギーフィールドを拡大し、その中に毒されたデーヴァを入れてください。あなたの態度は慈しみ深いと同時にとても力強く、しっかりした親のようなものです。あなたの波動は慈悲のある愛情です。

デーヴァを呼んで、自分のエネルギーフィールドにその存在を感じ取ってください。それから、自分の肉体の中に優しく取り込みます。

これは確かに、あまり愉快な体験ではないはずです。落ち着いて冷静に愛情をもって行ってください。そして、呼吸を落ち着いたリズムのあるものにします。力を抜き、精霊の毒された部分を十分に体験してみてください。その毒に微笑むような感覚です。体験することによって、それを変容できることを知ってください。ブッダの慈愛の瞑想に使うマントラがあります。「私はネガティブな要素を吸い込み、祝福を吐き出す」というものです。

あなたは、ネガティブなエネルギーを再び振動させる（動かす）ときに、身体が震えるのを感じるかもしれません。その毒に関する感情、イメージや考えが浮かぶかもしれません。これらを冷静に見つめ、愛を持ち続けてください。

デーヴァが浄化され、解放されていくのを感じ取ってください。この過程が終わったと感じたら、最初に呼んでおいた癒しのデーヴァに頼んで、浄化したデーヴァを、より深い癒しと回復のために連れて行くように頼みます。

お礼を言いましょう。自然と宇宙一帯の浄化エネルギーが自分の身体を通り抜けていくのを経験してください。精霊たちに、自分にまだ何か憑《つ》いていないか確認してもらってください。もしあれば、それを変容させるか、上に送ってください。ポジティブなエネルギーの波が寄せてきて、それを洗い落としてくれるのを想像してください。

静かに、このプロセスから抜け出します。ふだんとっている方法で、自分を浄化してください。服を着替え、窓を開けましょう。お風呂に香りをつけて入ったり、シャワーを浴びたりしてください。散歩に行ってもよいでしょう。最後にお礼の言葉を忘れずに。

9 人類の手助けをする天使たち

本章では、個人やグループ単位の人びとと働く重要な天使たちを詳しく見ていきます。ここで取りあげるのは個人の守護天使だけでなく、都市や文明に関わる精霊《スピリット》、宗教的な儀式に参加する精霊やトーテムとして知られる動植物の精霊です。

個人の守護霊

物質界に直接に介入してくる天使の話をよく聞きますが、これは混乱のもとです。事故が起きる直前に、きれいな天使が現われて間一髪のところで事故から救ってくれる、というような話です。しかし、これらの介入は、デーヴァ（訳注Ⅱ-1）や天使によるものではありません。これらは、すでに肉体のない人間たちの霊の仕業《しわざ》です。彼らは、悲劇が起きるのを受け身の傍観者として見過ごせないのです。救いたいという強い願望を発した瞬間に、これらの人間霊たちは力や意志を得て物質界に現われ、人を救うのです。

実際の個人の守護天使たちは、人間としての生命を長く深く体験してきた精霊たちです。妖精のスプライト、人魚や海の神ネプチューンが海洋という環境から生まれたように、守護天使は人間の体験の場から出現しました。どうしたら個人とその個人の魂との健康的で理想的な関係を実現できるか、その意識が守護天使たちの青写真の主な部分を成しています。守護天使は、あなたが真の自分を完全に実現させるのを、なんとかサポートしてあげたいのです。

守護天使は、私たちが単に肉体的、社会的、そして精神的な人間だけではないと理解しています。自分というものは、私たちの本質、つまり私たちの魂であり、それは私たちの核を成しているものです。天使は、私たちの人生の目標が自分の魂のハーモニックス（倍音）を可能な限り日常の自分を通して表現することだと理解しています。

外の世界にあなたがどう見えるのか、天使は一向に気にしません。ただし、あなたがどのような波動を持っているのか、何色になっているかは気にします。裕福なあなたは、気前が良いと思われているかもしれません。そうさせているのはあなたの経済状態ではなく、自分の中に秘められたものが表現されているからです。ひょっとしたら、あなたは本当はのんびりしていて、落ち着いた人なのかもしれません。あるいは、とても真面目な指導者に向いているのかもしれません。このようなさまざまな特徴は、自分の中から出てくる傾向や態度であって、社会的につくられるものではありません。

どんな性格や過去があっても、あなたをそのまま受け入れてくれるのが守護天使ですが、それは思慮深いセラピストとは違います。あなたの波動やハーモニックスを理解するエネルギー的な存在なのです。あなたが独自の人生の音色を奏でられるようにエネルギーパターンを保っていてくれるのです。

あなたの守護天使はとても精妙で柔らかな波動を運んでいます。もっとはっきりしたものであったら、あなたはとうの昔に気づいていたでしょう。自分の守護天使につながっていると感じられるときのいちばん重要な感覚はやすらぎです。守護天使はあなたを知っていて、あなたを愛しています。完全にあなたを受け入れてくれています。あなたが望めば、自分の翼にあなたを包み込んでくれている偉大な黄金の存在としてイメージできます。天使は剣を持ちません。その波動は幼い頃のお気に入りのぬいぐるみのようなものです。大人になって同じようなやすらぎを動物や樹木のぬくもりに感じたり、大地に寝転んだときに感じるかもしれません。これらすべては、あなたの守護霊との関係にとても近いものです。

自分の守護天使に出会う

これは何度でも行ってよい癒しの効果的なエクササイズです。

自分に最も合った方法で自分の中の静けさ、そして中心を見つけてください。暖かい居心地のよいベッドの中で行ってもよいでしょう。

楽な姿勢のままエネルギー体を使って、そして実際に体を動かしてもよいのですが、赤ちゃんのように手足を縮めて丸まった姿勢になります。自分の身体の暖かさや香りを意識します。何回か静かな深い呼吸をして、酸素をお腹の底まで吸い込みます。

自分に対して優しく、暖かく微笑みかけてください。自分の体にも微笑み、内臓たちに挨拶します。そして、それらを意識しましょう。

次に、エネルギー体のレベルで、自分の中へ力を抜いてフワッと倒れ込んでください。これは、とても健康的な休息のエクササイズです。とくに自分の脳をリラックスさせます。

以上の準備をしたら、守護天使がいることを思いつつ黙想します。守護天使は、あなたの人格とあなたの本質の青写真との間にある調和と不調和を見通しています。あなたの肉体とエネルギー体のさまざまな側面を理解し、見守っています。

自分のところに招き入れる必要はありません。もう、すでにそばに来てくれています。あなたが余分な力を抜けば抜くほど、その存在を感じ取ることが可能となります。

挨拶をしてください。その存在が十分に感じられるように、自分をオープンにしましょう。

そこにいて、あなたの肉体とエネルギー体の両方にやすらぎを与えてくれています。あなたの感情や心を休ませてくれています。受け身になって、完全に自分を開いてみましょう。詩的なイメージでいうと、その優しい黄金の翼に自分を委ねてみましょう。いつもそこにいてくれます。

どのような印象が湧いてきても、受け入れてください。

もうよい頃合いだと思えたら、お礼を言い、エクササイズを終了します。

天使につながることができたら、その霊的なやすらぎの中に自分を置き、人生の中で追求されるべき課題や癒しが必要とされるものを取りあげてみるとよいでしょう。次項は、それを目的としたエクササイズです。

守護天使からアドバイスをもらう

楽な姿勢のまま、自分が問題に思っている課題を意識の中に持ち込んでください。天使の居心地のよいやすらぎの中にいてください。

それから、天使にこの自分の挑戦についてはっきりした方向性を得るための援助を頼んでみましょう。あなたがすっかり落ち着いてやすらぎの中にいることが重要です。問題についての不安や心配に振り回されないようにします。

どんな印象をもキャッチできるように時間をたっぷりととります。何か新しいアイデアがないか、意識を向けてください。新しい考えにオープンでいましょう。

何らかの手応えが感じられるまで、このエクササイズを何回か行う必要があるかもしれません。

守護天使とあなたの魂

元来、私たちの魂は天使にとても近く、類似しているものなのです。なぜなら、天使は本当のあなたの青写真を持っているからです。霊的な道を歩む、最も基本的なステップの一つは、私たちには魂があり、それが実は私たちのいちばん重要な部分だと気づくことです。魂は誕生から死に至るまで私たちの人格を通じて自分を表現しようと試み、その生命は肉体や社会的人格が灰になってしまったあとも永遠に生き続けます。

守護天使の仕事は、あなたの魂が日常の自己とどういう風に関係していくか、その青写真を持つことです。天使と日常の自己と魂は三角形を形成していて、天使にはバラバラのあなたを完璧に統合させようとし、「神秘的な結婚」とも呼ばれる状態に持っていく計画があります。

人は時に、神秘体験や意識の変容した状態に入ることで自分を開き、自分たちの魂の持つ完成されたエネルギーや運命を感じ取ることができます。その場合、神経系や脳にとっては魂のオーラを経験するのは初めてのため、インパクトが強力で、人生を根本的に変えてしまうような経験となることがあります。

私はこのような体験をした人たちに定期的にカウンセリングを行い、彼らに何が起きたのか理解するように試みます。彼らは時に自分が体験した自分の魂を、透明な導師や聖人として解釈したりします。また、それが神だと思ったりもします。どちらも理解できることですし、象徴的にいうと、正しくもあります。このような体験が守護神によってもたらされたと解釈する人も多くいます。

魂は天使のようでもありますが、この二つには異なった動機やリズムがあります。ある伝統によると、魂は天使のイメージで捉えられています。たとえば、中近東のスーフィー教の伝統では、魂は翼のあるハートとして描かれます。東洋のサンスクリットの教典によると、魂は太陽からの天使として描かれています。堕《だ》天使といわれる神秘的な発想も、魂が純粋なエネルギーの領域から人間の生活領域まで降りてくるということの象徴として理解することもできるでしょう。

死の天使

魂の仕事が終わると、気持ちよく旅立てるように助けてくれる素晴らしい天使たちのグループがいます。彼らは、自分たちのエネルギーフィールドに完璧な死の青写真を持っています。

この青写真には死の恐怖は存在せず、その生死の変容は喜びをもって肯定的に受け入れられます。死の天使たちはエネルギーフィールドを広げ、人の意識が肉体を去り、次のエネルギーフィールドにスムーズに移行できるように援助します。

死期が近づいている友人、親戚、病人などの世話をしている人たちも、去っていくことを直感し、それにふさわしい対応を取るようになります。今まで以上に愛情を込めて接し、亡くなっていく人が解放され、次の世界へと移行できるよう、無意識の深いレベルで援助をします。そのような気持ちは私たちから磁気的に放射され、相手の身体のエレメンタル（訳注＝3）を安心させ、慈愛の場をつくり、安らかに死を迎えることを可能とします。

自分の身近な人が亡くなる場合、二つのはっきりとした側面がダイナミックに働いています。まず、親戚とか友人を亡くす自分の悲しみ、そしてもう一つは亡くなる人の意識の移行です。双方の目指しているものは安心できる、安定した場であり、それは死の天使が自分のエネルギーフィールドにより提供します。

自分が落ち着いて、安定していることを確かめてください。これは本書で何回も繰り返しているいちばん基本的なステップです。それは「自分に最も合った方法で、自分の中の静けさと中心を見つけてください」

ということです。去りゆく相手の役に立ちたいと本当に思うのであれば、自分の平静さを保ち、中心を見つけ、ハートにある愛の部分としっかりとつながり、死の精霊たちに協力できるように自分をオープンにします。

死の天使と協力する

いつもの方法で静けさを見出し、中心を定めます。そして自分が安定していることを確かめてください。自分の意識の中に去りゆく人を取り入れます。あなたの態度と身体のエネルギーは暖か味があり、寛容で、ゆったりとしていて、相手に安心感を与えます。

去りゆくプロセスがどのように起きるか、熟知している天使が来ていることに気づいてください。この天使は大きな幸せと安心を象徴するオーラを運んできていて、亡くなっていく人の意識が身体をすり抜けて移行してゆくときにサポートしてくれます。

黙想をして天使の存在と静かにつながってください。これはとても美しい経験になります。

これから三つの方法で手伝うことができます。まず、去りゆく人へ大きな愛を差し向け、その人が愛した人たち、場所、動物、活動や仕事などを思い浮かべてください。天使にテレパシーを使ってこの内容を伝えてください。すると、天使はそのイメージを使ってその人を向こう側に迎える橋を架け、渡るのを手伝ってくれます。

二つ目は、天使に静かに、何か特別に自分がしてあげられることがあるか聞いてみることができます。祈りや瞑想、たとえば親戚や知人への連絡とか、実際に現場でできることがあるかどうかです。いつもの通り平静にして、どんな印象が出てくるか様子を見てください。あとで行動に移しましょう。

三つ目は、橋渡しのお手伝いです。自分に可能な限り、愛や霊的な意志を持って、生命の偉大な美しさと創造性につながります。精霊や神、あなたがどのように呼ぼうとも、その自然や宇宙に存在する素晴らしい力とつながってください。自分のエネルギーフィールドを拡大し、去りゆく友人をその中に入れます。その人がもうすぐ赴く、澄んだ愛のエネルギーフィールドにつながることができるよう、自分のフィールドが役に立っているという感覚を持ってください。

できるだけ長い間、そしてできるだけ頻繁に精霊とつながり、自分のエネルギーを去りゆく人まで延ばしてください。澄んだ白い光をその人が渡っていき、天使が絶えず援助と愛を差しのべているのを感じてください。

場合によっては、天使が来ていないと直感的に思うかもしれません。あるいは、もうすでに人は亡くなっているはずが、魂がまだそこに残り、次の世界に移れていない、と感じる場合もあるかもしれません。そのときは、次のエクササイズを行います。

死の天使を呼ぶ

自分に合った方法で静けさを見つけてください。自分の意識を広げ、これから去ろうとしている人、あるいはすでに亡くなった人を、拡大した意識の中に入れてください。心の底から、この人に愛をもって接してください。

人が去りゆくのを手伝う死の天使がいるという思いを持ち、黙想しましょう。そのような天使が今、この場に来てくれることを想像します。

テレパシーを使って、静かに宇宙に呼びかけてください。天使に呼びかけ、来てくれるようにお願いします。

反応してくれたら、そのことにお礼を述べます。天使の助けが必要な状況であるとテレパシーで伝えてください。必要なことをすべて天使が行ってくれるということに、完全な信頼を置きます。必要だと思えば、前のエクササイズに述べた三つの方法で天使を助けてあげてください。すべてがうまくいくことを確信しましょう。

感謝と愛をもってエクササイズを終了します。

地域コミュニティーの天使

もちろん、守護天使は個人のために働くだけではありません。私たちが住んでいる地域やそのコミュニティーを助ける天使たちもいます。自然霊《ネイチャースピリット》たちがより大きく、より複雑な形のものを守護するために進化していくように、守護天使たちも進化します。

第3章で、私がどうやってロンドン市の天使とつながったか述べしましたが、そのときから天使たちが人間の文明社会と深く関わってきたのに気づくようになりました。このことを皆さんに理解してもらえるように、ワークショップでも使える視覚的なエクササイズをつくりました。

天使たちのいる都市

気分を楽にして、いつもの通り自分の中心を定めてください。

自分がとても居心地のよい客船の甲板に横たわっているか、座っているのをイメージしましょう。素晴らしい天気の中、船が美しい青い海の上に浮いています。太陽は光り輝き、ちょうど気持ちよい温度です。船はゆっくりとした波に乗って進んでいます。

船に乗っている感覚を十分に味わったら、前を見てください。遥か遠くに白い峰の山がいくつか見えてきます。波は優しくあなたの船を浜に流していきます。さらに近づいていくと、遠くに山々や谷や青々とした丘が見え、そして海岸につながる青い牧草地があるのが見えてくるでしょう。海岸に美しい白い町も見えてきました。

その白い町の美しさがだんだん分かってきます。町の天使たちもたくさん見えてきました。その背景に山や丘の天使たちも見えます。

この町には港があり、あなたの船もそこに入っていきましょう。船を降りると、町を自由に歩くことができます。

あなたを迎える素晴らしい雰囲気があります。どの家にも家の天使を迎える祭壇があり、どの家にもそのデーヴァの存在が感じられます。市場に行くと、コミュニケーションと商業の女神の祭壇があり、この天使がすべての商売を見守っています。どの劇場、図書館や学校にも、それぞれの女神に捧げられた祭壇があり、これらの精霊たちが人びとのパートナーとして善意を込めてサポートし、人びとの活動にインスピレーションを与えているのが分かります。

町の背後にあるいくつかの丘には寺院もあり、一つは町全体の天使に、もう一つは山の天使に捧げられ、そしてほかには土地の恵みのための寺院があります。

時間を好きなだけとってリラックスして歩き回り、あなたの受ける印象を思う存分楽しんでください。

最低でも五分間、町を見て歩きましょう。楽しい空想の世界の中を歩く感覚で、寝てしまったり、ほかのことに気を取られないように行ってみてください。

堪能したら、港まで戻ります。船が出る前に光を灯《とも》すか、感謝の言葉を言いたいと思えばそうしましょう。船に乗ると、海の流れがあなたを連れて行きます。海の精霊であるスプライトや人魚たちが、旅立つあなたのまわりで踊っています。

用意ができたら自分の意識を身体に戻し、自分の部屋に戻ってきてください。体を触って、手足を伸ばしましょう。経験したことをノートに書きとめたり、絵を描いたりするのもよいでしょう。

天使たちはそれぞれが異なった役割を持って、どの人間のコミュニティーにも存在します。現代の忙しい世界では、人の混雑や排気ガスの中でこのような世界をイメージしたり感じるのは難しいことですが、天使たちは実際にそこにいます。人間の文化があるところには、必ず天使や精霊たちがその生活に織り込まれて存在しています。それがアマゾンの村か、現代都市のデリーやブエノスアイレスであっても、精霊たちはそこにいます。

これらのすべての天使たちは、それぞれ対応している人間の諸々の活動の最も理想的な青写真のエネルギーフィールドを持っています。天使のオーラの中に入る人たちは皆、無意識に影響を受けてインスピレーションを受け取ります。法廷に置かれている正義の女神は、単なる象徴だけではなく、法の前に正義や平等などのオーラを広げる偉大な天使たちの象徴なのです。法廷に入る人は誰でも、これらの思想に影響を受けていることに気づくでしょう。そして、古代ローマの市場に置いてあった、コミュニケーションの神である天使マーキュリーの祭壇を思い出してください。今でも、穀物と豊穣の女神ケレスの像はシカゴのコモディテイーマーケット（商品市場）を統轄しています。これらはほんの一例に過ぎません。

これら精霊の存在を実際に探究してみましょう。エクササイズはどこでもできますが、今あなたが勉強している場所に近ければ実践しやすいでしょう。

都市の天使の探究

自分に合った方法で、自分の中の静けさを見つけてください。心が落ち着き、準備ができたら、自分の関心のある場所に意識を向けてください。病院、学校、劇場、裁判所、役所など、どこでも結構です。その外見やそれらの目的などに焦点を合わせましょう。

それができたら、その場所に天使がいると瞑想してください。天使はその場所を見守り、その天使的波動は隅々まで行き渡っています。その場所がどのように機能して目的を達成するのか、最も高い理想の青写真を持っています。

天使に挨拶します。その存在を認め、そのときの自分が受ける印象に気づいてください。

黙想して、この天使がどのくらい大きいか、どう感じられるか探究しましょう。そのオーラの中に、同じ種類であっても存在がそれほど大きくない精霊たちがいるかどうか感じてみましょう。天使が人間の行動にどのように作用しているか静かに思います。

より深いつながりのために、もちろん天使に何か捧げ物をすることも可能です。中心を定めて、どのような贈り物がふさわしいか考えてみましょう。家でロウソクに火を灯すこともできます。あるいは、その場所に穀物か果物を置いてもよいでしょう。指定された場所に行き、瞑想か祈る必要があるかもしれません。そのほかの行動として、たとえば地域のボランティアグループに入るとか、それを組織するなどがあるかもしれません。
天使の存在にお礼を言い、このエクササイズを終了します。

いつもの通り、自分の想像力を開いておくことが重要です。たとえば、こういうことがありました。私の友人たちは、自分の子どもたちが中学校に行きはじめた頃、学びの天使が子どもたちと学校を見守っているような印象を受けなかった、と言います。そこで彼らは瞑想し、波動を合わせて天使たちとのつながりを強化する必要があると気づきました。

私の友人たちは夏休みの間、誰もいないときを見計らって学校に行きました。そのとき彼らは、それほど高価でない水晶を何百もバッグに入れて持っていきました。学校に着くと、彼らは自分の子どもたちにも手伝ってもらって、運動場や庭に水晶を置いて回ったのです。

知らない人が見たら、ちょっと奇妙な光景に映ったでしょう。学校教育の質を改善する目的で、立派な大人たちが水晶マニアのように水晶を持って学校の中を歩き回っていたのですから。子どもたちも、よく頑張りました。

都市や町の開発

人びとが自分の住んでいる都市や町に天使がいることに気づいていなくても、無意識に影響を受けることはたくさんあります。都市の建築や計画をする人たちの仕事ぶりを観察するのは、いつでも興味深いことです。ここでは都市の景観の美しさと社会的なニーズを調和させるのが大きな課題です。実際、理想的な調和をもたらすように作用する、聖なる都市のアーケタイプ（原型）のパターンが存在しています。

これらのパターンの最も有名なものは、円形に造られた都市で、東西南北それぞれに門がついているものです。四本の通りが町の中央で交わり、中心には噴水か何かの形で水があるのです。このパターンは『新約聖書』の「黙示録」に示されており、スペインのグラナダのアルハンブラ宮殿など、美しいイスラム宮殿などはこの考えに沿って造られています。

次のエクササイズは、あとでノートを交換できるように友人のグループと行うのがいちばんよいでしょう。コミュニティーの仕事や都市開発と関わっている人たちにとって、このエクササイズは新しい発想を導き、計画をサポートしてくれるでしょう。これは何週間か、それ以上長く使うことができます。

エクササイズを始める前に、都市の地図を眺める時間をしばらく取ってください。町の配置がどうなっているか、それぞれのコミュニティーがどう位置しているか、感覚をつかんでください。どこに川や運河があるか確認し、緑の地域にも目をやってください。丘や谷の状態も、しっかり確認します。できたら古い地図を手に入れて、町が発展する以前はどんな様子であったか調べてみます。そして町の土台がどんなものか、地質学的な地図を見てみます。地域の図書館で、ほとんどの情報が手に入るはずです。

できれば、都市にある教会や寺院、あるいは昔、寺院があった丘とか川沿いなどの場所を選び、聖地のエクササイズを行ってみてください。もし、そのようなところに実際に行けない場合は、家の中でもどこか静かなところで行ってみてください。

都市や町の天使とつながる

自分に最も合った方法で、自分の中の静けさを見つけ、中心を定めてください。心の準備ができたら、町の向こう側まで自分の意識を延ばしはじめましょう。土地の形状や輪郭を意識し、土地の風景をしっかりと眺める時間をとります。

次に意識を町の中央に向けましょう。オーラが広がり、町全体を包み込む天使の存在を思い浮かべます。この天使はコミュニティーのニーズや力学をすべて理解しています。

しばらく静かにして、その天使が存在する可能性に自分を開いておきます。何か印象をつかんだら心にとめておきます。声を出しても、心の中でもよいですが、天使とのつながりをさらに意識的に持ちたいと伝えます。そのつながりを持てるように頼んでみましょう。そして自分の受け取る印象を観察します。

とくに、天使に供え物をするのが好ましいかどうか、何か行動を取るべきかどうか、それならばいつがよいのかなどを確認します。町の特定の場所に供え物をするのがよいのか、お祈りをするのが適当か、自分がどう感じているか意識してみます。どのようなヒントにでもオープンでいてください。

何かつながりができたと思ったら、自分の意識と天使の意識とが交じり合うように持っていきます。これは、より深いリラクゼーションに入ることと、天使のエネルギーに自分を開くことを意味しています。

その次に、自分が天使そのものであるかのように町全体を意識します。それから意識を道路、病院、劇場、博物館、学校などに向けましょう。それから貧困や暴力の多い地域に意識を持っていきます。天使の視野を持ってコミュニティー全体の感覚をつかんでみましょう。

十分だと思ったら、意識をもって町全体を包み込みます。それから自分の身体に焦点を戻してください。最後にお礼を述べます。

このエクササイズを行っているとき、このような行動を取ったらよいのでは、というメッセージが伝えられるかもしれません。そのアイデアを謙虚に受け止め、他人に迷惑をかけるものでないならば、実行してみましょう。

国や民族の精霊たち

一つの国家には自分たちの民族の歴史、自然環境、文化など、すべてを自分たちの意識の中に包含する精霊たちがいます。政治的な意味においても、彼らはとても興味深い存在です。民族の精霊たちの存在や活動と調和していない国境を歴史が課してきたところが多く見られます。地図にある直線のほとんどは軍事的・政治的理由のために、土地の自然環境や文化を重んじることなく無理矢理に分割されたのでしょう。

ある国連の幹部は、国連本部のあるジュネーブから外地にたびたび出張しました。出張先で仕事のない週末に、彼は民族の精霊である「フォルクガイスト」に関するワークショップを開催し、グループで民族の精霊を探求しつづけました。彼によると、いちばん面白かったセッションは一九一九年に南アフリカで行ったものだそうです。グループの誘導瞑想をしていると、互いに和解し合おうとするさまざまな精霊たちに遭遇したのです。ズールー族の精霊がいれば、ほかの南アフリカの部族の精霊たちもいたそうです。南アフリカのオランダ系移民であるボーア人たちの精霊もいて、オランダ民族の精霊たちとのつながりがありました。そしてもちろん、イギリスの民族の精霊またはフォルクガイストもいました。

これらの精霊たちは調和をもたらそうとして動いていました。驚いたことにグループセッションのとき、南アフリカ人はボーア人の精霊に触れ、心を動かされました。そして白人たちもズールー族の精霊とつながり、同じように心を動かされたのです。

十八世紀から十九世紀にかけて、これらの精霊たちについて多くの議論が交わされました。偉大なドイツの哲学者ヘーゲルは、人類の究極の目標が民族国家において民族の精霊たちを完全に具現化することではないかと示唆しました。これらのアイデアのいくつかは以前に述べたように、ヒトラーの国家社会主義者などによって利用され、歪められてしまいました。彼らの概念は民族の精霊たちへの当初の認識とは正反対のものでした。もう一人の有名なドイツの哲学者ヘルダーの言葉によれば、「フォルクガイストは同じ庭園に咲く多様な花々であり、それぞれが尊敬され、滋養を与えられるべきもの」なのです。

民族の精霊とつながるエクササイズを行う前に、あなたが関わっている国家のシンボルや特色を見てみる価値があるかもしれません。国家には必ず、旗や何らかの国歌があり、歴史上、重要と思われてきた動物や植物、場所などがあります。そしてその国の英雄、神話や伝説も探してみるとよいでしょう。

あなたは精霊のオーラに含まれているすべての歴史上の偉大な勢力、希望や悲劇の共振（波長）につながっていくので、とてもパワフルで、心が動かされる体験をする可能性があります。圧倒されるようでしたら注意をそらし、焦点を外して自分の中心に戻ってエクササイズを終了してください。

国家の精霊とつながる

自分に最も合った方法で心を静かにし、自分の中心を見つけてください。意識を解放して国の風景を見る旅に出ましょう。国の広さ、土地の輪郭、丘や山、川や湖を意識してください。

自然によって隔てられた国境、そして政治的に引かれた国境を意識して見てください。この二つの違いがよく分かります。それに注意を向けたら、再び動きはじめましょう。海が国を囲んでいるかもしれません。それを見てください。そのほかの自然の特徴にも意識を向けます。

準備ができたら意識を土地の上に、そしてさらに上方へと静かに向けていきます。土地の上には大きな目覚めた意識を持った存在が、自分の司る土地を完全に把握し、愛をもって見守っています。時間をかけて自分自身の意識を開き、この偉大な精霊を感覚を通して認識してください。どんな印象が浮かんでくるか注意しましょう。

初めてのセッションはこれで十分かもしれません。しかし準備ができていると思ったら、次のエクササイズを続けて行ってください。

注意しながら人間の思いや考えの世界に意識をゆっくりと下ろします。人間の思いや考えはエネルギーの雲として浮揚しています。

ここは、次の三つの動力が出合う領域です。

＊　地形や風景のエネルギーや流れ。

＊　人びとの思いや考え。

＊　民族の精霊や土地を守るデーヴァのビジョン、愛や青写真。

これは黙想の対象とするにはとても興味深い、複雑なエネルギーフィールドです。リラックスして、意識を今ここに持って来てください。受ける印象や感覚を意識します。これらの三つがどのように出合うか意識しましょう。

準備ができたら、注意を解いてエクササイズを終了します。

上記の二つのエクササイズが終わったあとでも、もちろんこの天使とのつながりを深めることは可能です。

テレパシーを使って天使に手を差しのべていてくれることに感謝の気持ちを伝えます。

良い関係を築くために、次の二つのことを天使に聞くことができます。

＊ あなた（精霊）の存在を受け入れたことを確信してもらうために、何か意味のある心の証しになることを教えてください。

＊ あなた（精霊）が国家に対するビジョンを達成するために、私のできることが何かを教えてください。

二つの問いかけをしたら落ち着いて待ち、黙想の状態でいましょう。どんなことが心を横切るのか気をつけていてください。受けた印象にどんな知恵があるか査定してみてください。再び見直してそれが適切だと思われたら行動に移しましょう。

儀式の天使

特殊な分野の精霊たちは進化を遂げることにより、癒しの分野や文化的な分野で働けるようになりました。聖職就任式などはその一例です。入会や献納の公式な儀式の裏で、当事者はその特定の宗教的な形式に基づいた精霊を受け入れることになります。そのデーヴァの持つハーモニックスの共振を通して就任した人は、エネルギーフィールドや宗教グループの思いや考えと永遠につながるのです。さらに特定の象徴的な言葉や動作を使うと、精霊は関連している宗教的な流れ、そしてヒーリングエネルギーの流れの扉を開きます。

これはキリスト教のミサやコミュニオンにおいて見られます。神父は特定の言葉や仕草を使い、デーヴァはつながりのハーモニックスを設定して、聖礼の祝福が感覚として実現します。同じようなことがほかの多くの宗教でも起きます。妙なことに神父が心理的・肉体的に堕落していても、祝福は起きます。酔っぱらいで、だらしない聖職者の儀式に力があるというのは、まるで風刺画のようです。

霊的な見地から見ると、カトリックとプロテスタントの宗派の議論の根源はここにあります。カトリック側によると、プロテスタントの司祭は正しい聖職就任式を行っていません。私たちの観点からすれば、聖職就任のデーヴァがいないことになります。このために教会はさまざまな儀式を正しく行うことができず、ふさわしいエネルギーや祝福をもたらすことができません。簡単に言うと、天使とのつながりがないのです。

聖職就任式で生じる天使とのつながりは「リネエジ」（家系、血統）と呼ばれるものを持つ宗教指導者たちの下で、とても力強く働いているのを見ることができます。リネエジの人びとは儀式を通して自分たちの宗教のグループの面倒を見て、指導していくために教育された男女です。その職を与えられるとき、彼らは永続的な役割を持つ天使たちに自分のグループのエネルギーフィールドにつないでもらいます。

これはとても強力です。たとえば、ダライラマの御前で、彼のエネルギーフィールドに驚く人びとがいます。リネエジを持つ人が祝福を与える場合、彼らを通して来るエネルギーは、精霊への個人的なアクセスからだけでなく、彼らを囲む天使たちにつながっているすべてのフィールドから来ます。堕落した宗教指導者が美しい雰囲気を具現化して、人のためになる祝福を与えることができるのはこの理由のためです。

動物のトーテム

最後になりましたが、人間とともに働く動物の守護精霊たちがいます。先住民族の人びとは、自分たちがその行動をモデルとして真似るのにふさわしい動物たちがいると感じてきました。クマなどは良い例で、夏場の狩り、冬場の冬眠の習性が備わった独立心の強い逞《たくま》しい生きものです。一方、象などは同じように強い生きもののように見えても、とても繊細で、家族集団に忠実です。動物は自分の住処《すみか》と直接な関係を持ち、環境が変わると自分たちの行動をそれに順応させて変えます。

以前、動物は植物と同じように種別に天使が存在し、それらがその動物の種の青写真を持っていると説明しました。多くのネイティブアメリカンの社会では、決まった動物と神秘的なつながりを感じて、その種の動物の精霊たちとしっかりした関係を築いてきました。

これらの動物から知恵や助けを得るために、部族のメディスンマン（祈祷師）たちはその動物の皮で作った衣装を着て、その動きを真似た踊りをします。それが、動物の精霊であるトーテムに波動を合わせる彼らの方法です。

ペルーのマツェ族は、ジャガーの精霊を自分たちの聖なるトーテムとしています。ほとんどの成人した男性たちは口のまわりに入れ墨をし、ジャガーの笑い顔を真似ています。ヤシの木から取った細い皮がジャガーのヒゲのように男性の唇付近から出ていて、女性の場合は鼻から出ています。スーダンのヌエール族の祭司たちは、ヒョウの精力をチャネリングするための儀式では必ずヒョウの毛皮を纏《まと》います。

私はモロッコにいた頃、ヤギを守護精霊とする村にしばらく滞在していました。そこでは年に何回も村の男の子たちがヤギの格好をして、ヤギの精霊となって踊る祭りが開かれました。一人の男の子が何年かこの役をやります。ヤギの役割を果たして大人になった男性たちには魔法の力があり、とくに繁殖力に富んでいると信じられていました。私の知っている男性も、とてもパワフルな、麝香《じゃこう》の漂う性的な魅力のある雰囲気を持っていました。西洋医学で生殖能力がないと診断された女性でも、彼と性的な関係を持つと、すぐ妊娠するのでした。

このようなことは特定のグループだけではなく、個人にも関係があることです。シャーマニズムや先住民の信仰を学ぶ人にとっては、どの動物の精霊が霊的な成長や個人の変容に関わっているかについて知っていると役に立ちます。

自分のトーテムの動物が何であるか知る方法はいくつかあります。どれも基本的には、潜在意識の中のいろいろな動物の精霊たちを探って、自分の人格や魂のあり方としっくりいく動物の精霊を見つけるのです。

自分の動物の精霊を見つける

このエクササイズは二十分ほどかかるので、居心地のよい姿勢で始めてください。

自分なりの方法で心を落ち着け、リラックスしましょう。

用意ができたら、自分が世界でいちばん居心地のよいと思っている湖かプールに行っていると想像します。あなたは水の中にいて、水の温度は申し分のない、とても気持ちのよいものになっています。あなたはとても調子がよく、健康そのものだと感じています。何の問題もなく、あなたは魚のように泳げます。水の中を潜るのも簡単で、とてもよい気持ちです。

湖の底まで潜っていきましょう。あなたは湖の底にトンネルがあるのを発見します。そこは安全で、中に入っても大丈夫なようです。

トンネルに入っていくと、奥が暖かい美しい洞穴になっています。水の中から出て、この居心地のよい場所を見渡してください。

洞穴の突き当たりには、もう一つ小さなトンネルへの入り口があります。この入り口まで行き、中に入ります。その先には地球の内部に入る長い階段があります。この階段を降りてください。ここは暖かく、何か愉快な感じです。

トンネルの向こう側に少し光が見え、新鮮な空気が入ってくるのが感じられます。トンネルを抜けると、とても見事なジャングルが現われました。空は青く、太陽は暖かく優しくあなたを照らしています。

さて、ジャングルに入っていきましょう。ジャングルに入ったら、忍耐強く待ちます。ここにいる動物の中の一匹が、三回にわたって、一回ずつ別の方向からあなたのところに来て姿を見せます。この動物があなたのトーテムです。近づいてくるのを待ちましょう。

あなたに対して歯を剥き出す動物とか、あなたに攻撃的な態度を取る動物は受け入れないでください。どのような印象を受けるか自分をオープンにしておきます。二匹以上の動物がトーテムになることもあります。

もし、ジャングルでうまくいかない場合は、ほかの場所へ移ります。リラックスしたままでいてください。ジャングルに来るときに使った階段への入り口まで戻りましょう。入り口を通ると、先ほどは気がつかなかったトンネルがもう一つあります。このトンネルに入っていきましょう。

このトンネルは、あなたの友人や先祖たちで一杯です。その中に交じって彼らとくつろぎます。洞穴の突き当たりでは炊き火が燃えていて、影や煙が見えます。これらの影や煙にあなたはとても惹かれます。もう一度、リラックスして影や煙に注目してください。

そのモヤの中から動物が出てきます。何回も、その動物が現われます。

あなたの動物のトーテムに出合えたら、しばらく一緒にいましょう。トーテムがあなたに何か伝えたいことがあるかどうか、見せたいものがあるかどうか聞いてみてください。あるいは、あなたに何か贈り物を持ってきているかもしれません。

その動物にお礼を述べ、その存在を絶対に忘れることはないと伝えてください。あなたとの関係が深まることをお願いしましょう。

すべてうまくいったら、あなたの意識を戻して階段に行き、小さな洞穴に戻りましょう。暖かい水の中に入って潜り、美しい湖に戻り、最後は湖から出てください。

現実の世界で身体を伸ばし、触ってみましょう。身体を揺すってみてもよいでしょう。自分の周囲を見渡したり、体を触ったりして、意識をはっきりと現実に戻してください。

自分のトーテムを発見したら、それについての文献や絵を調べてください。ドキュメンタリーのビデオなどあれば、それを見てその行動パターンを調べ、何か自分の日常生活で役立つか勉強してみましょう。それ以外に、精神的な問題があるときに、心を静かにして自分の動物のトーテムについて瞑想をしてください。自分が守られていると感じたり、癒されていると感じたりする人が大勢います。

10 未来に向けて

新聞やテレビの記者から連絡が来るたびに、私はいつも警戒します。――彼らは天使について関心があると言うが、からかい半分なのではないか、ただ珍奇なネタを求めているだけではないのだろうか、と。もはや、誰も自然霊《ネイチャースピリット》を信じているからといって火炙《ひあぶり》の刑に処せられることはなく、教会も民衆を迫害することはなくなりました。しかし、徐々に消えているとはいえ、まだ不信感のオーラは残っています。

不信感が消えていく理由は、人が新しい体験をしたり、表現したりする自由を必要とするからです。今では精霊《スピリット》の世界を否定するには、それについての情報や実際に体験した人が多過ぎますし、信憑性を支える重要な文化的な伝統も各地にあります。この地球に暮らすためには、私たちが真の世界に目を向け、目覚めることが要求されています。

精霊の世界を見下し、蔑視するということは、生命のあらゆる側面にある聖なる美しさを見下すということです。そのような姿勢は傲慢で破滅的な物質主義に社会を導き、それがもたらす結果は、もう目に見えています。精霊たちの世界とのつながりを再び復活させるということは、霊的な自由を手に入れるための第一歩です。アニミズム（精霊崇拝）はかつて人間に幸いをもたらす自然の力強い勢力でしたし、日常の生活の一部でした。再び、それが日常のものとなることは可能なのです。

科学的な裏付け

現代の社会で正常だと思われるためには、科学的証明という手段で超物質的な現象の裏付けをすることです。たとえば、十九世紀においては霊能力者やテレパシーを自由に使う人たちは、電話やラジオの発明を喜びました。彼らにとって、これは目に見えないチャネリングやテレパシーを説明できるテクノロジーだったのです。

さらに最近では、古代からの神秘的な現象を説明するために素粒子の物理、つまり量子力学が使われています。その理論が完全に神秘的な力学と合致しなくても、少なくとも議論するための科学的で体裁のよい言語を提供してくれます。ホリスティック医学やセラピーに関わる人たちも、自分たちの行っていることを根拠づける新しい医療研究に、常に敏感です。

実際、科学研究や理論は神秘家やエネルギーワーカー（ヒーラーなど）たちが古代から継承し、理解されてきた知恵や情報に向かって少しずつ歩み寄りを見せてきました。科学が真理に追いついていくのを見るのは素晴らしいことです。ニュートンの世界観は、論理的で検証のできないすべての現象を科学的でないとして切り捨ててきましたが、その時代がやっと終わりました。とくに量子力学やカオス理論などが、非論理的な検証不能な現実の中に存在する力学について自由に考え、知的に議論できる土台を提供してくれました。

カオス理論と凝固性

このようなことと天使がどう関係しているのでしょうか。私には今、三つの理論が一つにまとまってきているのが見えます。最初にあるのはカオス理論です。

カオス理論がもたらした最も重要なポイントは、任意の分子が十分に集合すると、急にそれが自らを組織化するというものです。宇宙には、あたかも計画的であるかのように、始まりがカオス状であったり、不確定な要因が存在するにもかかわらず、さまざまな要素を引き寄せて、はっきりとした形を与える現象がたくさんあります。星たちは銀河系に、商人と買い手は経済に、木の細胞は樹木に、微細な波動が大きな波に変わります。コンピューターが作成するフラクタルデザイン（自己相似的な図形）の美しさを見たことのある人は、単純なパターンを任意的に繰り返せば、美と統一のとれた模様が生まれることを知っているでしょう。物事はカオス状態にとどまらず、統一された形になっていくのです。

現在、まだ知られていない次元で働いているのは、ある種の電磁気的な、または凝固性を持つ要素で、それがすべての存在を引き寄せて一貫性を持たせているのです。科学理論では、これらの要素は「アトラクター」（引き寄せる存在）と呼ばれています。宇宙には何か磁気的な流れがあり、物事に一定のリズムを持たせたり、特定の変化や方向性に導くのです。

これらのアトラクターと天使との間に何か関係があるのは明らかです。デーヴァ（訳注＝1）たち一般が、これらのアトラクターなのかもしれません。この万華鏡のような宇宙に生きるすべての異なった存在たちの背後にいる、それぞれ特有の青写真を持つデーヴァたちがすべてを仲介するのです。

モルフィックフィールド

二番目に、「モルフィック共振」とか「モルフォジェネティックフィールド」と呼ばれる新しい理論も出ています。オルガニスミック哲学（全体論的哲学）から芽生えたこの理論は、生物学者であり哲学者でもあったルパート・シェルドレイクによって最近研究され、一般に公開されています。この理論によると、すべての生きものの周囲には、透明なエネルギーフィールドがあり、その生物の歴史はその中に保持されていて、同じ種類の生物のモルフィックフィールドに伝達されるというものです。

これは内なる世界の真理にとても近い見方です。この理論は異次元の存在への認識を再び取り戻すために重要なものだと、大勢の人が感じています。この理論は、主に環境的な状況と偶然性しか重視しない、進化に関する現代の機械的な理解に疑問を投げかけ、より建設的で先進的な目的意識のある解釈を目指しています。

本書の視点から見ると、この理論にはもう一つ付け加えたい側面があります。すなわち、このモルフィックフィールドが生きていて自分の意識がある、という認識です。これらのフィールドは実際、デーヴァ、天使や精霊たちなのです。

ホログラム

三番目の理論は、ホログラムとデビッド・ボームの生命の秩序の概念と関連しています。ボームの示唆するところと、ホログラムが実際に示しているのは、すべてはそれ自身に含まれているということです。一つのホログラムをバラバラにするとします。すると、そのどの部分を取りあげても、それには全体図が内に含まれているのです。ボームは哲学的そして数学的な見地から、すべての存在にはほかのものがすべて含まれている、ということを提言しました。

本書の見地からいえば、それは確かに真実に思われます。精霊たちは異なった役割を果たしていても、宇宙とも調和の波動により結ばれ、バラバラに分離しているという感覚の体験はありません。小さなデーヴァは大きなデーヴァの青写真の中にいつもいて、大きなデーヴァは同じように、より大きな精霊の中に含まれるようにつながっているのです。

そして前に述べたように、デーヴァを理解することによって、現代科学の大きな問いである「どのようにすべてはバラバラにならずに存在しているのか？」が解決できます。原子、分子、太陽や銀河をつないでいる「接着剤」や磁気力とは何なのでしょう。世界を理解するために現代科学は大きく拡大するしかありません。現代科学はいつか、物質世界に平行して存在しているデーヴァの世界をも説明する統一理論を発見するでしょう。

これらの理論を十分に理解するためには、天使を単に素晴らしい金色の存在だけでなく、宇宙を形成維持する不可欠な存在という背景で理解する必要があります。

社会的根拠

私たちの天使に対する意識の回復には大きな社会的・環境的な根拠もあります。人びとが何かを本当に欲したり、必要とするときに歴史的な奇跡が起きます。国境を隔てる壁や全体主義の政権は崩壊し、政治犯は牢獄から解放され、国の大統領になったりします。現代医学の極端なアプローチは、より知恵のあるホリスティック（全体的）なものに変わってきています。粗雑な非個人的な心理学は、さらに人間的な理解を目指すものに置き換えられています。

一方、美と生命に対する尊敬の念も生まれています。一五〇〇年近くの年月を経て、私たちはやっと迷信と妖術の文化から解放されるようになりました。情報が自由に流れる新しい時代になり、携帯電話、デスクトップ出版、フリーメディアやインターネットは、私たちの社会に現在根付いている不要な権力や偏見に対して抵抗したり、挑戦することを可能にしました。この情報公開の解放された舞台において、迷信や偏見は挑戦の対象とされていくでしょう。同時に、精霊たちを侮辱する高圧的な社会自体が、軽蔑の対象となるでしょう。

精霊たちの世界が自然に受容されることで、現代の社会的・環境的な課題に応える建設的な支援の方策が出てくるでしょう。この支援の基礎にあるのは、人間のすべてのコミュニティーと自然霊たちのコミュニティーの尊重、そして知恵のある波動調整です。土地や植物、すべて生命のあるものが尊重されるようになります。地域や都会は成長と創造性のコミュニティーの場に変貌します。

『Devas and Men』（デーヴァと人間たち）という作品集でA・E・ウッドハウスは、人間とデーヴァの関係を織物の縦糸と横糸にたとえています。縦糸と横糸がなくては布地を織り込むことはできません。

人間が創造という仕事をするとき、デーヴァの横糸を窒息させたり、隠すことをしてはいけない。人類の芸術や構造物、すべての宗教や文明は、ほとんどどのくらいこの横糸が見られるかにかかっていると言えるだろう。もし、下張りのデーヴァの横糸にかかる人間の縦糸が重すぎ、デーヴァたちの光る生命力と色彩が隠されてしまうようであれば、人間にとってそれは破滅的なことである。つまり、芸術が腐敗し、文明が衰退し、宗教が堕落と無気力に向かう確かな証拠なのだ。

精神的なサポート

アニミズムの回復は、人間にとって非常に大きな精神的サポートとなります。ある意味で、本書を通してとくに癒しや人類を手助けする天使たちについての章は、この精神的な次元について書かれています。ほかの生きものたちと同様に、私たち人間は自分たちの人生を全うして、本来の可能性を達成すべき運命を持っています。それは花とか星座などと変わりません。しかし、人間は複雑で繊細な生きものです。日常生活に埋没してしまい、刺激過多の状況の中で、自分の意識レベルを引きあげていくのは困難です。私たちは自分たちに降りかかる問題、ストレス、病気をどうやって扱ってよいか分からずに苦労をしています。私たちの感情や精神は、簡単にいろいろな問題に圧倒されてしまいます。そこで私たちは、サバイバルできるように、無感覚な鎧《よろい》に自分たちの身を固めてしまい、最後には燃え尽きてしまうか、あるいは楯を手にして何とか日々をやりすごしていくか、それほど選択肢は多くないように見えます。

ところが、精霊たちとの交流という道を選ぶことで、私たちの生活を新しい次元に切り開いていくことができます。ユニークな色彩や音色、感覚をつかむことができるようになり、個性豊かな美と創造力が生活に導かれるのです。

詩人のロバート・ブラウニングは『Pauline』（ポーリーン）の中で、彼の創造力にインスピレーションを与えた天使的な女神について次のように書いています。

私の力といえば
粘土の中に封じ込められ
求め続ける魂を救う
唯一、自分を自分とする想像の力
それは天使となり
途切れては現われる幻覚としてではなく
絶えず私のそばにいて

裏切ることは決してない

天使たちはとても役に立つ知恵を私たちに授けてくれますが、そこには余計な人間臭い意図や計算は働いていません。天使は人を裁くことなく、恐怖も持たず、また満足感をも必要としません。人間は居心地のよさや成功や愛を今すぐに欲しがります。待つのが耐えられないのです。デーヴァの場合は、完全なサイクルすべてを心得ていますし、時間の摩擦を感じるようにできていません。それでいて、私たちの内や周囲に存在しているのです。R・J・スチュワートは『The Faery Folk』（妖精の国の人びと）という美しい詩を書いています。

もし、人間でなくなるとしたら
どちらの誘惑を選ぶだろう
星空に永遠と歌われる天使の声
または花の中に永遠に生きる妖精たちか

天使たちは無限の光と喜びについて歌う
魂の生まれ変わる高き次元について
妖精たちは土地に根付き
この聖なる地を愛す

意識の目覚めを選ぶ

私は、人びとに思う存分、人生の美しさと不思議さを感じ取ってほしいのです。人がそれだけ人生に畏敬の念と不思議さを感じることができたら、天使を信じるかどうかは些細な問題となります。

私たちに与えられた真の挑戦は、天使のいる現実に片や魅惑されながらも、日常生活をしっかり生きられるかどうかなのかもしれません。

現実の世界と天使界との二つの意識の隔たりは、一見、自然なように思えますが、実際はそうではありません。私たちが育った社会がそのようにさせているのです。車を運転しているときに天使のことを思うと、事故に遭うからいけない。仕事をしているときにデーヴァの世界に波動を合わせていたら、ナンセンスな奴だ、業績が落ちてしまう、などと。しかし、そうではありません。精霊の世界に波動を合わせるということは、三次元の物質世界にいながら、絶えずその裏に目に見えない次元があることを知り、それを感じることができるということなのです。

しかし、デーヴァのいる現実に注意を向けるということは、車のギアを変えるように、自分を異なった波動やモードに合わせるということが必要です。実は、これはそんなに簡単なことではありません。私たちは今の生活に、いわば中毒状態です。現代の厳しいスピードのある波動から、それとはまったく異なるゆったりしたモードに移行するのは、ニコチンやアルコールや砂糖への依存を絶つのと同じくらい大変なことです。

天使や天使に関心ある人たちへの反感や敵意は、デーヴァの魔法を受け入れることがいかに痛みを伴うか無意識に感じているところから生まれています。そのような切り替えをするのは絶対にできない、と身体や脳が叫んでいるのが聞こえてくるようなときもあります。しかし、私たちにはできるのです。

実際、私たちは忙しい日常的な雰囲気を簡単に和らげたり、もっと優しいものに切り替えたりすることを、人それぞれの方法で実践しています。音楽、スポーツ、散歩、料理、旅、愛、ダンス、人のケアなど、これらの活動によって、私たちは日常とは異なった雰囲気に浸ることができます。大きな挑戦は刺激過多の日常の現実の中でもあの非日常的な自分を持続していけるかどうか、ということです。それはどうしたらできるでしょう。

精霊たちの次元につながりを保ち、その美や魔法を見ていこうというはっきりとした意識と目的意識のある決断が必要です。人間社会の次元の一つだけではなく、すべての次元の現実に意識を持ち続けるという決断が必要なのです。隠された現実は、あなたが意識しないから消え去るということはありません。いつもそこにあります。あなたが車を運転していても、皿洗いをしていても、オフィスにいても、たとえばあなたの身体はエレメンタル（訳注＝3）で構成されています。空中には目に見えない透明な生きものが踊り、光り輝いています。都市の精霊たちは完璧な都市のビジョンを調和の中に保持しています。女神たちは人びとにインスピレーションを与えています。癒しの天使たちは見守り、私たちを導いています。私たちの意識の焦点がそこにまったくなくても、彼らは皆、そこにいます。

問題は単に、この真実を自覚し、目覚めた意識を持ち続けようと決断できるかどうかにかかっています。この真実を認めてみようと思いますか？　今、自問してください。もし答えが「はい」ならば、この瞬間、真実をしっかりと覚えておくことを自分に約束してください。自分の意識を天使の領域にまで拡大し、一つの原子から宇宙まで意識してみてください。そして自分が目覚めた意識を保ち、この世界に協力しつづけることを忘れないと誓ってください。

天使たちとのつながりを忘れて、無意識や眠りの状態に戻ってしまうのはたやすいことです。そうならないためには、どうしたらよいのでしょうか。一日が始まる前にロウソクに火を灯《とも》したり、家の精霊や町の精霊に何か供え物をする必要があるかもしれません。あなたを気づかせたり、あなたを助けたりするために、台所やオフィス、車の中などに何か絵とか像、オブジェなどを置くとよいかもしれません。それでは、次が最後のエクササイズになります。

つながりを保つために

自分に合った方法で心を落ち着かせてください。そして静けさの中で、この内側の次元がいかに意味深く、美しく、創造的であるか黙想してください。

準備ができたら、その意識を忘れずにそれを維持するのには、どんな行動を取るとよいか探究してみてください。

自分の守護天使に聞いてみることもできます。すべての精霊たちに助けを頼むこともできます。きっと良い答えが得られると思います。

最後に感謝の言葉を述べてください。

訳者あとがき

本書の原著者ウィリアム・ブルーム氏に会うために、英国の神秘的な雰囲気が漂うグラストンベリーの町を訪ねたのは今から四、五年前になります。私の泊まった宿には、二千年もの間、水が湧き出ているというチャリスの井戸がありました。この井戸は人びとが遠くから水を汲みに来るそうで、ここに住む魔女たちもよく来るとのことでした。その宿にウィリアムが訪ねて来てくれました。

グラストンベリーはマリアのレイラインとミカエルのレイラインと呼ばれる二本のエネルギー線が交差した強力なエネルギースポットとして知られています。グラストンベリー修道院や大天使ミカエルのトールと呼ばれる丘もあり、ミカエルが目撃されているところでもあります。アーサー王伝説も残っていて、修道院の庭にはアーサー王の墓もあります。要するに、ここは古くから魔法がかかっているようなところで、天使と妖精とコミュニオンをするウィリアムが住むにはぴったりの土地柄なのです。

私が会った当時、彼はグラストンベリーとフィンドホーンを行ったり来たりしていました。英国風にお茶を飲みながら、いくつかお話を聞くことができました。本書でウィリアムは妖精たちに緑色の服を着せてもらい、帽子ももらいましたが、息子さんは緑色の服を着せてもらえたものの、妖精たちを実際に助けるまで帽子はもらえなかった、という話が出てきます。そのお話をもう一度、ご本人から聞くことができました。その息子さんもすでに成人して、実は日本人のお嬢さんとつき合っている、とウィリアムはにこにこしながら話してくれました。

本書の翻訳を終え、しばらくして私は小さな妖精たちと天使たちが家を出入りしているのが見えると言われる小さな白い家に引っ越しました。隣りは公園で、一般の人に長いあいだ解放されていなかった野原や林があり、湧き水もあります。太陽の光線できらきら光る特殊なエネルギーを感じます。昨年、この野原は私と友人にたくさんの四ツ葉のクローバーをプレゼントしてくれました。この家を見つけるために、ウィリアムが本書で紹介しているようなお祈りも瞑想もしました。

私自身はずっと天使や妖精たちとコンタクトを取りたくてたまりませんでした。天使界や妖精界がどうなっているか、ウィリアムをはじめ、フラワーエッセンスのミシェル・スモールライトさんやフィンドホーンなどを通して、少しずつ理解を深め、目も心も開きはじめ、やっと最近、天使たちがまわりにいてくれていることに確信が持てるようになりました。

皆さんのまわりにも天使たちがいるのは確かです。でも、こちらの日常の波動が重いので、天使たちは意識のヴェールの向こうにいるように感じてしまうのでしょう。

私たちが美しい絵を見て感動したりすると、波動がぱっと上がります。また、美しい風景で心がときめいたときも、草花や空気がきらきらして見え、春先などには一輪の花にも精霊《スピリット》たちの気配が感じられます。そのとき、ヴェールがフワッと取れて、天使たちが見えるかもしれません。

落ち込んで下を見て歩いていたら、柳の精霊が「上を見なさい。上を見なさい」と囁《ささや》いてくれたという話もあります。

ウィリアムによると、ホメオパシーやフラワーエッセンスの処方薬のエネルギー構造にはデーヴァの本質が保持されていて、これらの処方薬を飲むとき、私たちは植物の青写真を体内に取り入れているとのことです。すでにデーヴァの贈り物がたくさん届いているということになります。

人間は草木や花、植物がなくては生きていけません。もうすでに、植物たちとは深い関わりがあるのです。その植物たちと対《つい》に働く自然霊《ネイチャースピリット》たちが実際にいることに多くの人びとが確信でき、彼らとともに意識的にワークができたらどんなに素晴らしいことでしょう。興味本位で彼らを探したり、崇拝したりするのではなく、地球における共同創造の仲間となるのです。

日本にも妖精たちと関わっている人たちがたくさんいます。札幌在住の画家、武田京子さんもその一人で、何枚かのきらきらした妖精たちの絵を譲っていただきました。京子さんは森の中に入って散歩をしたり、美しい花が光の中で咲いているのを見たりすると、言葉とか音が降りて来るという方です。北海道神宮のすぐ前の「京子の花画廊」で、宇宙からのメッセージなどを公開なさっています。彼女のホームページ（http://www.flower-angel.net/）を開くと、その作品を見ることができ、天のものと感じられる歌も聞こえてきます。

天使たちとのワークの体験で一つ申し上げると、彼らはイメージやシンボル、色や音を使うことがあるので解釈が難しいときがあるということです。三次元的なはっきりとしたコミュニケーションが成り立つわけではないので、感じたり、見えたり、聞こえたりするものの内容をちゃんと受け取っているか確認する必要があります。

ウィリアムがアドバイスしてくれるように、それは自分にどんな風に感じられるかが鍵になります。そして記憶はあとになると曖昧になりやすいので、書きとめておくことが役に立つかと思います。また、ウィリアムが身をもって体験したように、期待で緊張しすぎると、つながりにくくなるようです。「リラックスして」という言葉が本書のエクササイズには必ず書かれていますが、ほどよい緊張感や注意力にとどめておくのがベストのようです。

数カ月前、「妖精たちが集まって来て、早く早くと言っている」とクリスタル・ヒーラーの高橋今日子さん（彼女も妖精のような方です。クリスタルの精霊に魅せられている方は是非ホームページを覗いてみてくださいね。http://www.crystal-angel71.com）に言われました。今、出版を前にして彼らのはしゃぐ声が聞こえてくるようです。

二〇〇七年一月

鈴木真佐子

精霊《スピリット》

共同創造のためのワークブック

訳者紹介

鈴木真佐子（すずき・まさこ）

東京生まれ。小学校から高校までアメリカで育つ。1976年、慶応義塾大学哲学科卒業。オハイオ州政府代表事務所に勤務したのち、ロンドン大学キングス・カレッジで修士号（英文学）を取得、ロンドン・スクール・オブ・エコノミックスで国際関係論のディプロマ取得。現在、フリーランスで翻訳活動を行う。
著書に『クリスタルボウルに魅せられて』(太陽出版)。訳書に『ハートの聖なる空間へ』(ナチュラルスピリット)、『光の輪』『メッセンジャー』『太陽の秘儀』『メッセンジャー　永遠の炎』『癒しの鍵』『精霊《スピリット》』『宇宙への体外離脱』『天恵《グレース》の花びら』(いずれも太陽出版)がある。

2007年3月6日　第1刷
2010年10月10日　第2刷

［著者］
ウィリアム・ブルーム

［訳者］
鈴木真佐子

［発行者］
籠宮良治

［発行所］
太陽出版

東京都文京区本郷4-1-14　〒113-0033
TEL 03(3814)0471　FAX 03(3814)2366
http://www.taiyoshuppan.net/
E-mail　info@taiyoshuppan.net

装幀＝田中敏雄(3B)
［印刷］壮光舎印刷 ［製本］井上製本
ISBN978-4-88469-504-0